從里耶到長沙

FROM LIYE TO CHANGSHA

解码简牍中的湖湘史记

DECODING HUXIANG HISTORICAL RECORDS IN BAMBOO SLIPS

长沙博物馆 编著　李历松 主编

岳麓書社·长沙

从里耶到长沙

FROM LIYE TO CHANGSHA

解码简牍中的湖湘史记

DECODING HUXIANG HISTORICAL RECORDS IN BAMBOO SLIPS

主办单位

湖南省文物局

中共长沙市委宣传部

长沙市文旅广电局

中共龙山县委

龙山县人民政府

承办单位

长沙博物馆

湖南省文物考古研究所

湖南省博物馆

长沙市文物考古研究所

长沙简牍博物馆

龙山县里耶管理区管理委员会

里耶秦简博物馆

协办单位

株洲市博物馆

湘潭市博物馆

致 辞

王志杰

一直以来，湘西地区是全省文物工作的重点区域，凤凰、老司城、里耶，是湖南响当当的文化名片。特别是里耶，作为湖湘文化遗产重镇，近年来，在文化遗产保护传承方面成绩显著，从2003年考古发掘出土秦简的惊世大发现，到里耶古城遗址的保护展示成功申报“十一五”国家大遗址保护和国家考古遗址公园建设项目，再到里耶秦简博物馆的规划设计和建成开放，各级各界和文博工作者付出了大量的心血，其中里耶国家考古遗址公园的建成开放是湖南省文物事业发展进程中的大事件。它的建成开放，凝聚着国家文物局和省、州、县各级政府及有关部门的重视和大力支持，倾注了省文物考古研究所和各级文博工作者的艰辛付出，也离不开长沙市对龙山县的大力支援。里耶国家考古遗址公园建成开放后，当地的特色文化遗产资源快速转化为促进经济社会发展的重要力量，在改善民生福祉方面发挥了越来越重要的作用。当人们来到里耶，能见到“长沙街”的标识牌，置身熙熙攘攘的人流中，会深刻感受到长沙市和龙山县的结对子帮扶、共同发展的浓厚情谊，会深刻领会到里耶古城所蕴含的深厚文化底蕴，深切地体会到里耶焕发出的蓬勃发展活力。

“从里耶到长沙——解码简牍中的湖湘史记”展览是长沙市、龙山县经过深入研究、精心策划推出的，有思想高度、有文化厚度、有帮扶情谊的高品位、高质量的文化产品。通过这个展览，我们可以领会到里耶秦简蕴含的丰富历史文化以及湘西丰富的民族民俗文化，增进对湘西、对龙山的了解和向往，感悟神秘湘西。同时，这个展览，也为文物工作积累了一些经验，那就是：如何通过建立大馆带小馆扶、帮、带机制，以展览合作形式，推动优质优势文物资源和策展、设计、制作、营销等优质要素形成内循环，在丰富优质精神文化产品供给、带动文化消费、促进优秀传统文化传承传播方面发挥更大作用，实现文化帮扶和发展共赢。

2020年9月28日，习近平总书记在主持中央政治局第二十三次集体学习时强调，建设中国特色、中国风格、中国气派的考古学，深入做好考古成果的发掘、整理、阐释工作，更好认识源远流长、博大精深的中华文明，为弘扬中华优秀传统文化、增强文化自信提供坚强支撑。近年来，湖南考古工作成绩斐然，出土文物丰富、特色鲜明，是名副其实的考古工作强省，尤其是全省考古发掘出土的简牍数量大、谱系全、价值突出，位居全国前列，保护、研究、展示、利用、传承潜力巨大，前景广阔。由于各方面因素制约，目前我们还有数量不少的出土文物仍然藏在深闺人未识，难以展露容颜、展示魅力。“从里耶到长沙——解码简牍中的湖湘史记”展览是实现考古工作成果转化、研究成果集中利用展示、优秀传统文化创新传播传承的一个探索，很有意义。下一步，希望省文物考古研究所、省内各大博物馆在这方面，立足已有优势，进一步解放思想，加强创新创造，强强联合，既要积极探索研究，蹚出新路子，又要认真总结，形成可复制可推广的经验和做法，推出更多更好的优质文化产品，更好满足人民群众精神文化需求，为推动全省文物事业高质量发展、传承弘扬湖湘优秀传统文化作出新贡献。

（作者系湖南省文物局副局长）

致辞

王立华

湖南是我国简牍出土大省，龙山、益阳、长沙是我省重要的简牍出土地。2002年，龙山里耶出土秦简36000余枚，全景式地展现了秦代县政运行及社会生活，勾勒出鲜活庞大的帝国统一图景。2013年，益阳兔子山出土战国晚期至三国孙吴时期简牍13000余枚，全面反映了楚、秦、两汉、三国吴各朝益阳县乡政府的运作和普通百姓的生活。1996年至2000年初，长沙陆续发现两汉、三国吴简110000余枚，系统地揭示了这一时期长沙的行政设置与社会治理。

习近平总书记指出，讲好中国故事，“要讲清楚中华优秀传统文化的历史渊源、发展脉络、基本走向”。龙山、益阳、长沙出土的简牍，完整而连续地反映了我省战国、秦、两汉、三国时期的社会治理情况，能够为新时代地方政务运作提供重要的历史镜鉴。为将我省珍贵的简牍资源利用好、传播好，加强长沙、龙山两地文化交流，整合两地文化资源，大家共同策划、举办了此次展览。

展览共分为三个单元。第一单元为“秦朝•湖南纳入大一统”，通过里耶出土秦简讲述秦朝建立的“大一统”中央集权制度颁布推行情况；第二单元为“两汉•三湘四水大发展”，从珍贵的兔子山“王后巡视益阳”汉简开始，展开两汉时期长沙地区吏治与民生画卷；第三单元为“孙吴•致力湖湘大开发”，以长沙走马楼吴简为视窗呈现三国时期孙吴政权对湖南地区的经营与开发。展览以扎实的学术研究为基础，选取贴近观众生活和有故事性的展品，以生动有趣的形式传播简牍故事。

博物馆是城市和文明之间沟通的桥梁。简牍展同期，我们利用博物馆中厅公共空间，策划了“龙山全域旅游图片展”和“五一节来博物馆赶龙山大集”活动，希望通过长沙博物馆这个“窗口”，让观众领略大美龙山。

此次展览的成功举办，是各文博兄弟单位齐心协力、紧密合作的结果，也是张春龙、王树金两位专家带领的策展团队辛勤付出的结果。

最后，我谨代表长沙博物馆，对湖南省文物局、中共长沙市委宣传部、长沙市文旅广电局、中共龙山县委县政府的大力支持，以及为本次展览的成功举办付出艰辛努力的各位同仁表示衷心的感谢！

（作者系长沙博物馆馆长）

序　言

华夏文明源远流长，从远古到先秦时期，大致是多元一体逐步融合发展的过程。先秦时期湖南地区的蛮、越、楚及华夏等民族，在秦汉统一王朝统治下进一步融合，汉文化进一步传播，使该地区的经济、文化趋于开放性，有了较大发展。

在这一历史步履中，地处湖南地区西北、北部、中部的湘西（里耶）、常德(武陵郡)、长沙(临湘)地位重要，彼此在不同的历史阶段交替成为湖南地区发展进程中具有“节点”作用的重心城镇，呈现从区域地理边缘到中心的发展规律。研究这一过程，对梳理湖南地区历史时空演进，厘清区域内外早期政治、经济、文化互动关系，有着重要意义。

湖南地区关于秦汉时期的史料严重匮乏，司马迁《史记》记载的湖南地区有限历史信息，不足以清晰呈现这一区域政治、经济、文化面貌，更遑论还原生产生活状况。史料是史学研究的基础与前提，史学著作之外，历年地下出土的秦汉简帛，是相对原始性和权威性的史料，可谓是另一部被时光尘埃封存的“史记”。

沿着历史的河流回溯，甲骨、青铜、简牍、绢帛、纸张都曾记录文字，承载着华夏文明的时光逆旅，其中简牍是纸张普遍使用之前文字载体的主要表现形式。

湖南是中国出土简牍最多的地区，从20世纪90年代开始，陆续发现了常德楚简、湘西里耶秦简、沅陵虎溪山汉简、长沙走马楼西汉简、长沙走马楼三国吴简和东牌楼汉简、郴州吴简和晋简、益阳兔子山简牍等，出土简牍数十万枚，其年代从战国开始，历秦汉三国到西晋，共600余年，几乎涵盖了我国使用简牍记事的所有时代。湖南，不仅出土简牍批次多、时代序列完整，数量更是占全国简牍出土总量的一半以上，堪称中国出土简牍第一大省。

现已出土的简牍涉及湖南地区大部分区域的历史、政治、经济、文化、艺术、意识形态领域等各个方面的内容，是这一时期历史事件的相对真实记载。其中有许多重大发现：

——在湘西土家族苗族自治州龙山里耶出土的秦简，是秦代的地方官府文书档案，它让人们首次发现了史书中未记载的秦朝洞庭郡。这表明，湖南正式步入华夏国家的序列。

——两汉时期在湖南地区设置了长沙国、武陵郡、零陵郡及桂阳郡，由此湖南得到持续开发，由华夏边陲变为内陆。长沙、常德、沅陵等地历年出土的西汉、东汉、东吴简牍记录了这一进程。

为讲述湖南地区秦汉到孙吴的历史演进特点，我们在大量历年简牍考古发现和学术研究基础上，策划推出了“从里耶到长沙——解码简牍中的湖湘史记”特展。

本次展览从2021年4月30日开始，持续两个多月，到7月4日结束。集中展出了湖南湘西里耶、益阳、长沙出土的简牍158件，金器、玉器、青铜器、漆木器、陶瓷器等127件。

展览第一个部分，展示了里耶出土的秦简，反映了秦朝建立的“大一统”中央集权制度颁布推行情况；还制作了里耶秦简所载洞庭郡行政机构设置示意图、里耶古城遗址迁陵县官署复原示意图、秦朝中央集权机构设置示意图、公文封检示意图、秦朝与现代户籍登记信息对比示意图等。秦吞并天下，建立了中国历史上第一个统一的多民族中央集权王朝，颁行的一系列政令对中国两千余年封建制度影响深远，以致“百代皆行秦政”。秦朝大力推行郡县制，致各类公文畅通无阻，物资征调高效便捷。根据史书与里耶出土秦简的相关记载，秦朝曾在湖南地区设置洞庭、苍梧等郡进行管理，把湖南纳入了中国大一统的范畴。

中央政府与地方往来的政务文书，通过邮传机构，从都城咸阳到湖南的洞庭郡、苍梧郡及其下辖各县、乡、里，都可快速传达。秦简中有很多关于各类人口管理的档案资料，有利于官府掌管辖区人口，稳定社会，确保国家赋役徭役的征调。有关祭祀先农、灾害上报、沃地拓荒等农事记录，印证了秦朝自商鞅变法以来一直重视农业生产。

秦朝已形成了完备而严密的地方吏治，施行以法治国，法律制度多源于商鞅变法，社会生活各领域都做到了有法可依。秦朝的统一，结束了数百年的战乱，湖南地区物产丰富，食物结构多元化，百姓“男乐其畴，女修其业”“饭稻羹鱼”，生活虽不宽裕，却也安逸。

展览第二部分展出的历年考古发掘的两汉简牍资料，为我们了解两汉时期湖南地区基层社会的状况提供了更为丰富的证明和详细的补充。从珍贵的兔子山“王后巡视益阳”汉简开始，展开了两汉时期长沙地区吏治与民生的画卷。西汉初年，汉廷设立长沙国，同时推行“休养生息”政策，湖南地区社会稳定，经济获得长足发展。到东汉时，设长沙郡，经过历任贤良太守的治理，地处沅湘之间交通便利、资源丰富、人口众多的长沙、益阳等地，社会经济得到进一步发展。

西汉在地方推行“郡国并立”，郡国之下设立县、乡、里，以加强地方管理，保证社会稳定，在湖南地区设置了长沙国及武陵郡、零陵郡、桂阳郡。东汉时，长沙国改为长沙郡，湖南地区共置四郡，这就大致奠定了今天湖南的行政区划范围。

两汉时期，朝廷十分重视对各级官吏的管理，各级地方官吏大多能勤于政务，认真核查辖区人口，管理仓库物资，依法处理司法案件。

汉武帝"独尊儒术"，向民间征集私藏书籍，因此国家藏书大量增加。从益阳兔子山出土的汉简来看，湖南地区也积极献书，人心向学，儒学教育的推广，对教化民众、移风易俗起到了巨大的推动作用。

西汉初期重农抑商，推行"与民休息"、轻徭薄赋的政策，全国各地的人们开始了"男耕女织"的小农生活。两汉统治的四百多年大部分属于社会稳定时期，包括湖南在内的南方地区经济得到全面开发，人口大量增长，农业、手工业、商贸都得到了发展。

展览的第三部分，以长沙走马楼吴简研究成果为视角，呈现三国时期孙吴政权对湖南地区的经营与开发。孙吴统一湖南全境后，在相对稳定的数十年里，孙权等统治者大力加强对东吴地区的治理与开发。随着北方人南下，大量先进生产技术流入，湖南地区迎来大的发展。长沙地区发现的几万枚走马楼吴简，极大丰富了三国时期的史料，为我们了解三国时期孙吴对湖南地区的管理与开发提供了有力补充与佐证。

三国鼎立局面形成后，孙权从湖北鄂县（今鄂州）迁都至建业（今南京），大将陆逊辅佐太子孙登留守武昌。长沙出土的吴简中出现大量的官职名称，可判断孙吴政权的行政管理十分成熟，对于司法案件的处理更是要求依法公平办理，程序规范，避免出现冤假错案。

孙吴地处江南，经济起步较晚，北方人大量迁居，带来了先进的生产技术和劳动力。孙权称帝后设置农官，实行屯田制，多用牛耕，多次减免赋税，造船业、手工业及商业都有了长足发展。江南空前繁荣，国力大增，成为三国时期存在时间最长的政权。

简牍档案内容丰富，是秦汉时期最重要的文字记录形式，大量研究主要从考古学和文献的角度，从史料价值、艺术价值和文化价值等方面探究简牍档案的价值。例如对里耶秦简的研究，已经取得丰硕成果。

里耶秦简是秦朝洞庭郡迁陵县的衙门档案，也是目前唯一一份秦朝政府档案，约20万字。其内容涉及人口、田地、赋税、仓储、邮递、军备、司法、医药等当时社会生活的各个方面，年代为秦王嬴政二十五年（前222）至秦二世二年（前208），它是继秦陵兵马俑以后，秦代考古的又一惊世发现，填补了《史记》《汉书》中有关秦朝历史的大片空白，改变了战国秦汉学术史的面貌。

洞庭在秦朝时是一个郡，这在《史记》《汉书》中都没有记载；秦朝的政治制度严厉，老百姓欠了官府的钱，必须要做劳役来偿还，不许抵赖；秦朝祭祀时，刑徒"赫"（人名）和"最"（人名）没能无偿分享祭品，要出钱买，这或许是因为他们"刑徒"的特殊身份造成的；秦朝的能工巧匠设计制造出的计时工具，可以将时间规范到以数分钟计；迁陵、酉阳、沅陵、临沅、沅阳、澧阳、零阳、益阳、长沙、耒阳、郴等地名在秦朝原来是县一级的地名；秦朝的职官有司空、司马、丞、守丞、令等；……

里耶秦简还原了很多历史和人物细节，栩栩如生，堪比《史记》。秦始皇二十六年（前221）八月，南郡竟陵县汉阴乡一名叫狼的人来到洞庭郡迁陵县（里耶），以寻找楚国时人们留下的瓦为由，向县政府的主管人员借了一艘船。狼是个不守信的人，没将船归还，给迁陵县的经办人员惹了一堆麻烦。在无担保或抵押的情况下，其他辖区的人到另一地区借贷，在今天也是不太可能的事。这是一个很特殊的事例，当时或以后的文献以及出土文字资料也不见有类似的记载。

类似的细致记载，还有寄往洞庭的邮书、军粮的月消耗量……

里耶秦简的内容真是细致而又耐人寻味，它将秦王朝的历史生动地"复活"了。这批简牍的考古价值可与殷墟甲骨文、敦煌文书等媲美。

同样，轰动世界的长沙走马楼吴简，是三国时期的全面客观的记载，历史研究的重要性不言而喻。简牍文献中与传世文献不一样的历史细节故事，有学者提出可以重新认识中国古代文明。

这些重要的简牍考古重大发现，从多元视角丰富了历史认知。

历史是由一个个细节构成的。我们熟知有记载的正史，都是由著名的历史人物串连起来的。而简牍所记录的却是许多名不见经传的小人物的故事，这些冲破时空屏障的故事更接地气，让人倍感真实。

本次策展，我们从简牍记载的特点出发，不但力图"复活"大历史，也注重从细节挖掘考证和"解码简牍故事"叙事，来拉近展品、研究成果与观众的距离。同时增加了部分各时期与简牍记载史实相关联的考古出土文物，如陶瓷器、玉器、漆木器、青铜器等，使简牍展览常常过于专业和单调的形象为之改观。特别注重"解码有故事的简牍"这一理念。如对里耶秦简的"九九乘法口诀简"的展示和讲解：

"眼前的这枚秦简，通身赭红，右上角有些残破，两面是古雅的秦代隶书。经过清洗、脱色，文字清晰可见，上面记录有完整的乘法口诀：二半而一，一二而二，二二而四，……，六八四十八，……，九九八十一。这枚秦简的面世，让考古界为之一振。北京大学考古文博学院原院长高崇文证实称，此枚秦简是中国乘法口诀表最早的实物证明，印证了文献中所记载的春秋战国时乘法和乘法口诀表已被运用。"

展览策划了丰富的多媒体和互动教育环节，如将"九九乘法口诀简"和"售鱼简"结合，专业摄制了穿越古今的微电影，再现了秦人"卖鱼计数"的日常生活细节。

展览发掘复原了法律文书简记载的"一场案情复杂的斗殴"审判故事，与生活中的长沙解放西派出所故事联动，把古今的生活烟火气链接了起来，提供了一个讲述传播历史的新维度。

展览同时注重了学术传播，邀请了张春龙、王子今、陈松长、龙京沙、潘守永等考古及研究学者举行了多场精彩的公共学术讲座。同步网络直播，吸引了数十万观众"云观展"。

由于展览题材和展品的重要性，也得益于策展角度"从里耶到长沙——解码简牍中的湖湘史记"的传播价值，开展时值五一长假前夕，展期观众络绎不绝。

湖南地区出土的简牍已经成为世界研究简牍领域的璀璨明星，随着研究的步步深入，一扇扇被尘封的历史大门开始向全世界的人们敞开，一段段真实的历史也在简牍中被一一释读出来。如何通过历史文物，讲好中国故事，将学术研究的严肃知识体系，转化为具有传播价值的现代信息，从而发挥研究成果的多元价值，特别是文化教育与普及价值，博物馆展览是最好的桥梁之一。人文学科也要像自然科学学科一样注重科普，将艰涩和小众的研究成果传达给公众，当代博物馆的策展是一次再研究、再创作，从物的表象呈现到叙事艺术传播，其间大有可为，这也是博物馆才开始探索的展览现代性的重要方向。

李历松（长沙博物馆副馆长）

目 录

简牍凡例

1．全文图版由文物收藏单位提供，所标编号为收藏单位使用的原编号。

2．本书所采用的简牍释文吸收了学界最新研究成果，并统一了简牍释文格式。

（1）简牍释文采用忠实于原简的繁体字及异体字。

（2）简牍之首的墨线，签牌上方的半圆形网状标记，黑色涂墨标记不标出。

（3）简牍中所用符号“•”“∟”“|”“/”“○”，代表简牍原有的符号，尽量保留。

（4）简文中的“=”为重文符号，如“十一刻=下九”，释读为“十一刻，刻下九”。

（5）简牍上残泐无法辨认的字，用“□”表示，一字一“□”；简文漫漶，如能确定字数的，也用“□”表示，不确定的用“……”表示；根据上下文内容补充的字外加“□”号，如“㊏”表示“母”字不清晰，根据字迹与上下文意推测为“母”；存疑之字其后以“（?）”表示。

（6）简牍残断处以“☑”表示。

（7）简牍尺寸单位均为“厘米”，只在最后一个尺寸后添加单位。

（8）对简文中与展览主题关系尤为密切的部分，本书予以突出显示。

展品索引

湖南历年出土简牍地点示意图

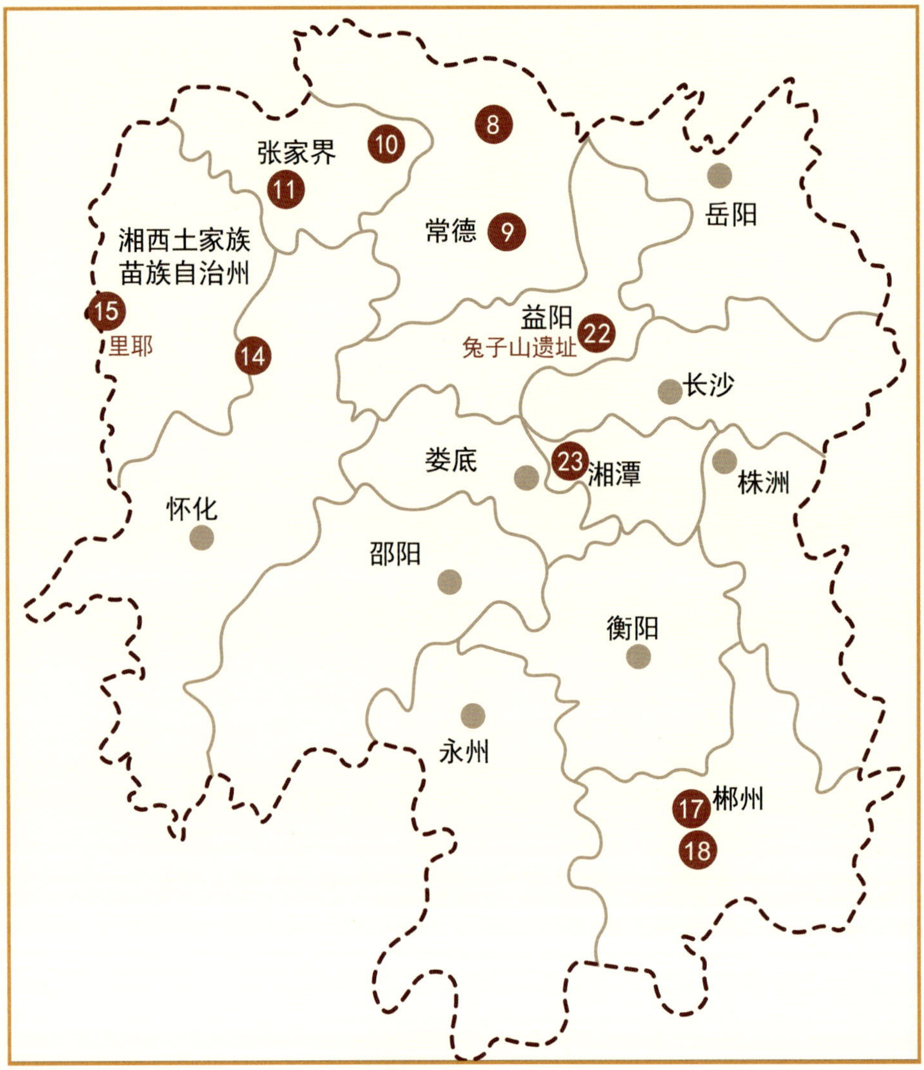

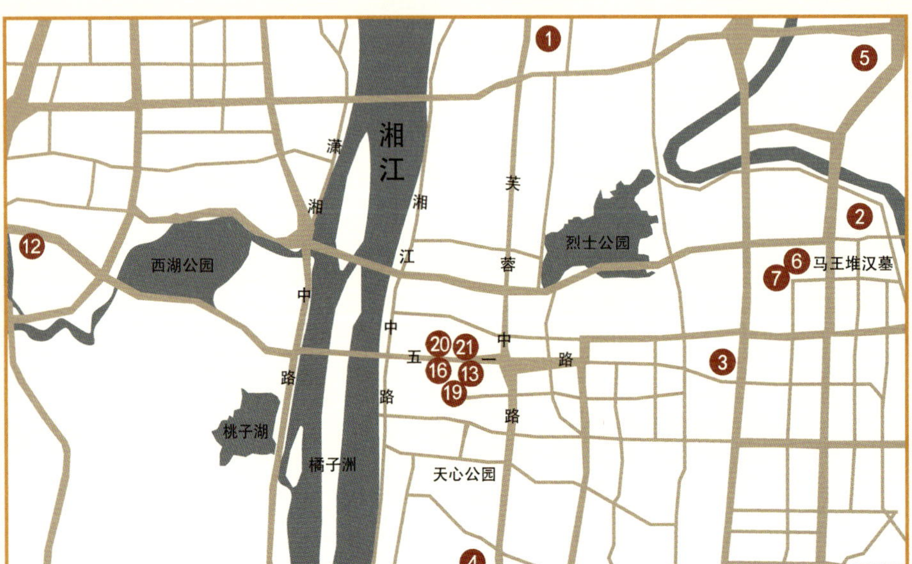

图　例

①	1950年代	长沙伍家岭汉简	9枚
②	1950年代	长沙徐家湾汉简	1枚
③	1951年	长沙五里牌406号战国楚墓竹简	18枚
④	1953年	长沙仰天湖25号战国竹简	43枚
⑤	1954年	长沙杨家湾6号战国楚墓竹简	72枚
⑥	1972年	长沙马王堆1号西汉墓竹简	461枚
⑦	1973年	长沙马王堆3号西汉墓竹简	600多枚
⑧	1980年	临澧九里1号战国楚墓竹简	数十枚
⑨	1983年	常德德山夕阳坡2号楚墓竹简	2枚
⑩	1987年	慈利县石板村36号战国楚墓竹简	4371枚
⑪	1987年	张家界古人堤1号探方东汉简	90枚
⑫	1993年	长沙望城坡西汉渔阳墓木楬	124枚
⑬	1996年	长沙五一广场走马楼西南侧吴简	近十万
⑭	1999年	沅陵虎溪山西汉简	1336枚
⑮	2002年	龙山里耶战国—秦代古城遗址秦简	36000余枚
⑯	2003年	长沙走马楼湖南省供销社基建工地8号井东汉简	2195枚
⑰	2003年	郴州苏仙桥建设工地4号井吴简	120余枚
⑱	2003年	郴州苏仙桥建设工地10号井西晋简	900余枚
⑲	2004年	长沙东牌楼基建工地7号井东汉简牍	426枚
⑳	2010年	长沙五一广场东汉简牍	1862枚
㉑	2011年	长沙尚德街东汉简牍	257枚
㉒	2013年	益阳兔子山楚、秦、汉简	15350枚
㉓	2014年	湘乡市三眼井楚简	约1000枚

前 言

从湘西里耶，到省会长沙，
一枚枚简牍，描绘出一幅幅历史画卷，
笔墨之间，一段段鲜活的记忆被唤醒。
让我们清晰地看到：
大秦帝国政令畅通于天下，
两汉时期三湘四水逐渐繁荣，
孙吴政权治下湖湘大地不断发展。
历史风云散淡，时空已越千年。

Preface

From Liye Town in the west of Hunan to Changsha, the provincial capital of Hunan, every bamboo slip, just like the vivid memory, depicts the historical view among the characters. These bamboo slips show us clearly that the orders of the Qin Empire spread throughout the country, Hunan region got comprehensive development over 400 years in the Han dynasty, and the Wu regime of the Three Kingdoms period governed here elaborately. History had gone through ups and downs as two millennia passed.

第一单元

秦朝·湖南纳入大一统

PART 1 HUNAN AS PART OF THE UNIFIED EMPIRE
QIN DYNASTY (221 BC – 207 BC)

秦并天下，建立了中国历史上第一个统一的多民族中央集权王朝，颁行了一系列对中国两千余年封建制度影响深远的政令，以致百代都行秦政法。通过大力推行郡县制，秦朝各类公文畅通无阻，物资征调高效便捷。根据史书与里耶出土秦简的相关记载，秦朝曾在湖南地区设置洞庭、苍梧等郡进行管理，至此，湖南纳入了中国大一统范畴。

The Qin Kingdom reunited the nation and founded the first unified, multi-ethnic and centralized dynasty, the Qin Empire, in Chinese history. Qin issued a series of measures for unification that had profound influence on the feudal system of China lasting for more than 2,000 years, hence the later dynasties all followed its political systems. By carrying out the system of prefectures and counties, Qin spread its official documents throughout the country and collected and allocated the goods in an efficient and convenient way. From the recordings in historical books and on Qin bamboo slips, we can learn clearly that Qin set up and governed Dongting and Cangwu prefectures. Thus, Hunan was incorporated in the unified China.

设郡置县　政令通达

秦朝政府为了加强中央集权，有效控制地方，推行了郡县制，从中央到地方所有官员的任免皆出自皇帝。各级官吏各司其职，分级管理。中央政府与地方往来的政务文书，通过邮传机构，从都城咸阳到洞庭郡、苍梧郡及其下辖各县、乡、里，无论是偏远的里耶还是长沙，都可快速传达。

“更名诏书”木牍

秦（前221—前207）
长12.5、宽27.4、厚0.6厘米
里耶古城遗址出土
湖南省文物考古研究所藏

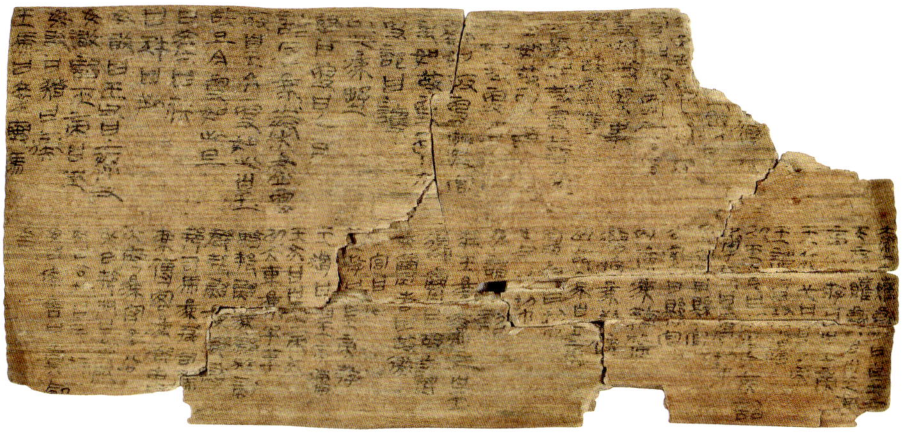

8-455

⧄□
⧄□
⧄假□
⧄□□□
□如故更□□
□如故□□□
□如故更事
□如故更□
□□如故更□□
□如故更□
□如故更□
□如故更廢官
□如故更予□
更詑曰謾
以此為野
□户更曰乙户
諸官為秦盡更
故皇今更如此皇
故旦今更如此旦
曰産曰疾
曰[illegible]曰荆
毋敢曰王父曰泰父
毋敢謂巫帝曰巫
毋敢曰豬曰彘
王马曰乘輿馬

泰上觀獻曰皇帝
天帝觀獻曰皇帝
帝子游曰皇帝
王節弋曰皇帝
王譴曰制譴
以王令曰以皇帝詔
承令曰承制
王室曰縣官
公室曰縣官
内侯為輪侯
徹侯為列侯
以命為皇帝
□命曰制
□命曰制
為謂□詔
莊王為泰上皇
邊塞曰故塞
毋塞者曰故徼
王宫曰□□□
王遊曰皇帝遊
王獵曰皇帝獵
王犬曰皇帝犬
以大車為牛車
騎邦尉為騎□尉
郡邦尉為郡尉
邦司馬為郡司馬
乘傳客為都吏
大府為守□公
毋曰邦門曰都門
毋曰公□曰□□
毋曰客舍曰賓飤
舍
敢言之
·九十八

秦朝建立后，推行“书同文”的政策，按照秦国的制度与习俗对很多事物的名称进行了统一，规定十分详细。如“王”称“皇帝”，“王令曰皇帝诏”，“命曰制”，“邦”改称“郡”，就连“猪”也必须改喊秦人惯用的“彘（zhì）”。

“归降者管理”木牍

秦始皇二十六年（前221）
长23、宽2.5、厚0.2厘米
里耶古城遗址出土
湖南省文物考古研究所藏

□辰佐臧以来／韋手

赾手

9-1415（背）

廿六年十一月甲申朔戊子貳春鄉後敢言之丞相言得巍城邑民
降歸義者有故臣妾為拾虜鼠之令書已到敢言之

9-1415（正）

简文内容是洞庭郡迁陵县贰春乡向迁陵县廷回复，已经收到丞相关于魏国城邑百姓归降相关处理的命令。“巍”通“魏”，指战国七雄之一的魏国。这说明至前221年十一月，六国部分城邑百姓还在陆续归附秦朝，统一大业尚未全部完成。此处用“民”而不写“黔首”，据专家考证里耶秦简仅此一例，说明秦始皇二十六年十一月时尚未全面实施“书同文”政策。

“王命称制” 木牍

秦始皇二十六年（前221）
长23、宽3、厚0.3厘米
里耶古城遗址出土
湖南省文物考古研究所藏

9-1861（正）

廿六年後九月己酉朔甲戌□官守𡨦敢言之令下制書曰上□□受
乘車馬僕養走式八牒放式上屬所執灋毋當令者亟言薄留日・問
之毋當令者薄留一牒□敢言之

9-1861（背）

後九月甲戌水下□□以來／逐手

逅手

“维护货币政策”木牍

秦（前221—前207）
长46.2、宽2.5、厚0.3 厘米
益阳兔子山遗址九号井出土
湖南省文物考古研究所藏

J9③1

十月己酉劾曰女子尊擇不取行錢問辭如劾鞫審己未益陽守
起丞章史完論刑殺尊市即棄死市盈十日令徒徙棄冢間　妇

秦朝为了维护国家统一，还实行了“车同轨，书同文”、统一度量衡、统一货币等法律法规。简文内容讲述了一名女子因不按律令使用钱币，被处死并弃尸十日，体现了秦朝政府利用严刑峻法保证国家的货币政策推行，来维护市场稳定。

战国、秦钱币一组

楚大布（复制品）、燕明刀

战国（前475—前221）

湘潭市博物馆藏

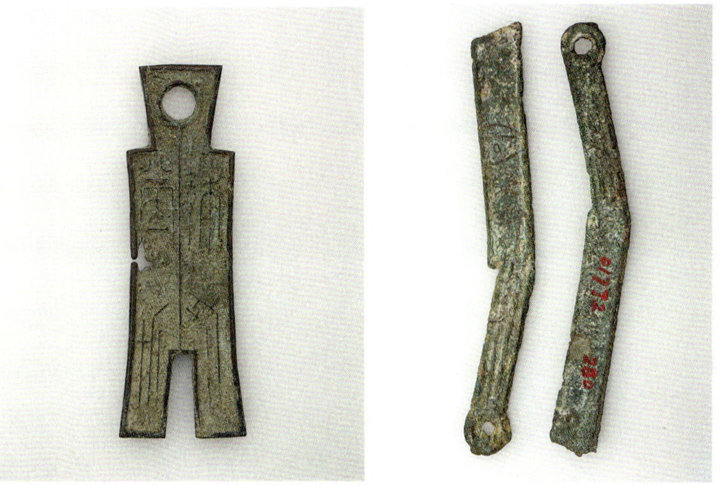

蚁鼻钱

战国（前475—前221）

征集

湘潭市博物馆藏

秦半两

秦（前221—前207）

征集

长沙博物馆藏

“秦二世诏书”木牍

秦二世元年（前209）
长23、宽2.4、厚0.2厘米
益阳兔子山遗址九号井出土
湖南省文物考古研究所藏

J9⑶2（正）

天下失始皇帝皆遽恐悲哀甚朕奉遺詔今宗廟吏及箸以
明至治大功德者具矣律令當除定者畢矣元年與黔
首更始盡為解除流罪皆已下矣朕將自撫天下

J9⑶2（背）

吏黔首其具行事已分縣賦擾黔首毋以細物苛
劾縣吏亟布
以元年十月甲午下十一月戊午到守府

此木牍长23厘米，为秦制的一尺，符合文献所载皇帝诏书尺寸。简文内容是秦二世胡亥继位后第一个月颁布的诏书，强调继位的合法性，也有赦免罪人、施惠吏民的举措。其中秦二世胡亥之形象与传统文献记载大为不同，为评价胡亥和秦王朝灭亡原因提供了新的文献史料。

“洞庭郡”木牍

秦（前221—前207）
长12.5、宽1.4、厚0.25厘米
里耶古城遗址出土
里耶秦简博物馆藏

☒□洞=庭=郡=賦遷=陵=☒

9-2159

秦朝统一后初设三十六郡，后随着疆域开拓与分析，郡数又有增加。根据《史记》《汉书》《后汉书》《水经注》等史籍记载，秦朝共有四十八郡，甚至更多。据里耶秦简记录，当时湖南地区设置了洞庭郡与苍梧郡，纠正了《史记》中“苍梧郡”“黔中郡”的记载。

"机构设置"木牍

秦（前221—前207）
长23.1、宽1、厚0.2厘米
里耶古城遗址出土
湖南省文物考古研究所藏

·遷陵餘完可用當予洞庭縣不當輸內史者

9-41

"机构设置"木牍简文内容是迁陵所余完整可用的公器，当输洞庭各县，而不是送往都城咸阳。秦朝政府为了加强统治，从中央到地方建立了多系统、多层次的行政管理网络。各级官吏各司其职，分级管理行政事务，确保彼此之间的分工与合作。

秦朝中央集权机构设置示意图

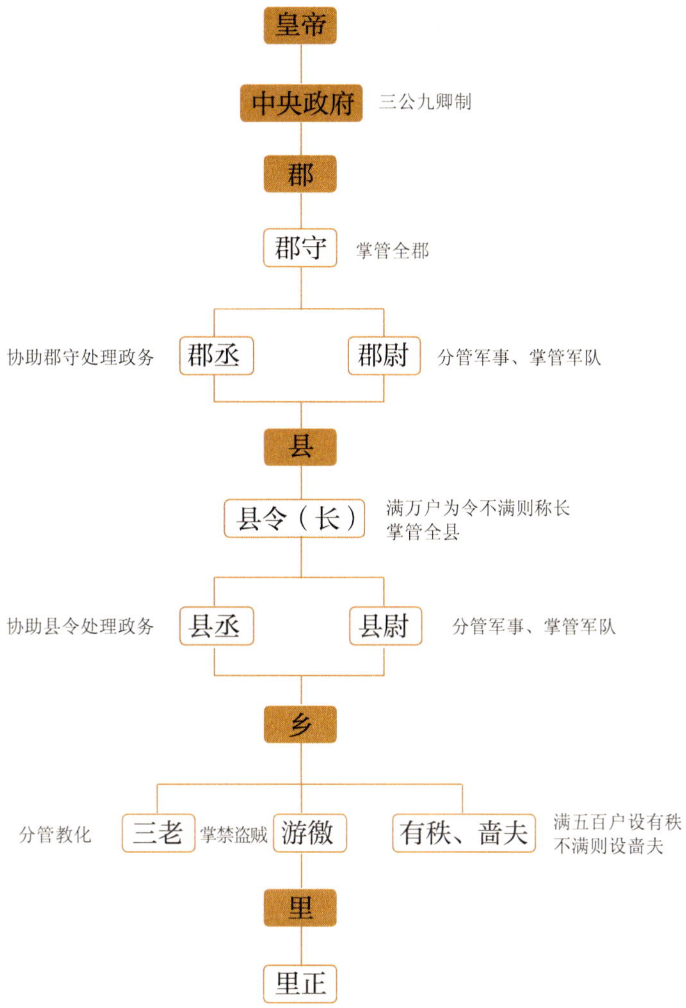

里耶秦简所载洞庭郡行政机构设置

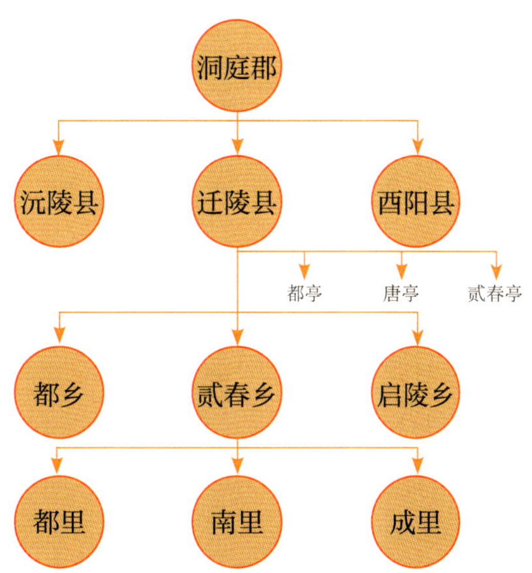

秦建筑构件一组

方形回纹地砖

秦（前221—前207）
益阳兔子山遗址九号井出土
湖南省文物考古研究所藏

回纹空心砖

秦（前221—前207）
益阳兔子山遗址九号井出土
湖南省文物考古研究所藏

云纹瓦当

秦（前221—前207）
益阳兔子山遗址九号井出土
湖南省文物考古研究所藏

根据出土于城址的建筑材料如回纹地砖、云纹瓦当等，生活用具如陶罐、陶钵等，结合考古信息与相关文献资料、研究成果，我们可以推断：秦朝时郡、县、乡各级政府均在治所建立衙署集中办公，并依照秦朝法律按照标准统一伙食供给。

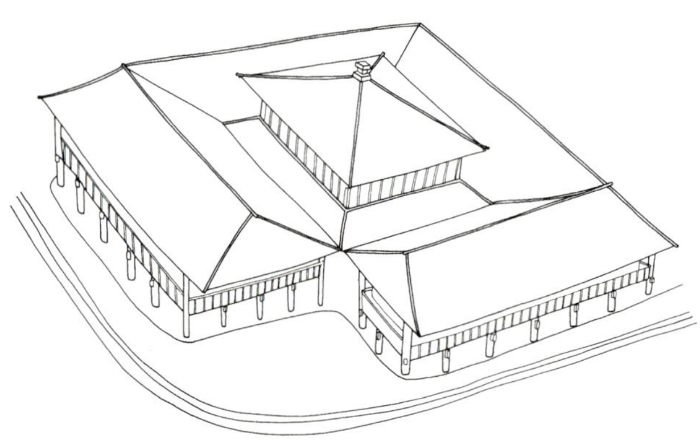

里耶古城遗址迁陵县廷官署复原示意图

里耶古城邻酉水河而建，有夯土城墙、护城河、水井、道路、房屋建筑遗址、排水设施，结构布局完整，它们共同形成一个完整的古代城市系统。古城遗址中发现了大量的房屋建筑遗迹，包括成排的柱洞、云纹瓦当等，推测其为官署遗迹。

“迁陵以邮行洞庭”封泥匣

秦（前221—前207）
里耶古城遗址出土
湖南省文物考古研究所藏

遷陵以郵
行洞庭

10-90

封泥匣是在封检上安放封泥使之固定的木匣。文书写好之后，为防止他人私自拆阅，需要将捆扎文书绳子的接头放置在专用的封泥里，且封泥上还要加盖负责官吏的印章，封缄方才完成。这是当时官方传递信函所必须的一个程序，以保证邮件安全送达目的地。

“酉阳以邮行洞庭”封泥匣

秦（前221—前207）
里耶古城遗址出土
湖南省文物考古研究所藏

酉陽以郵行
洞庭

5-3

“酉阳丞印”封泥

秦（前221—前207）
里耶古城遗址出土
湖南省文物考古研究所藏

“步递”木牍

秦始皇二十七年（前220）
长16.4、宽3.6、厚0.3 厘米
里耶古城遗址出土
里耶秦简博物馆藏

8-133（背）

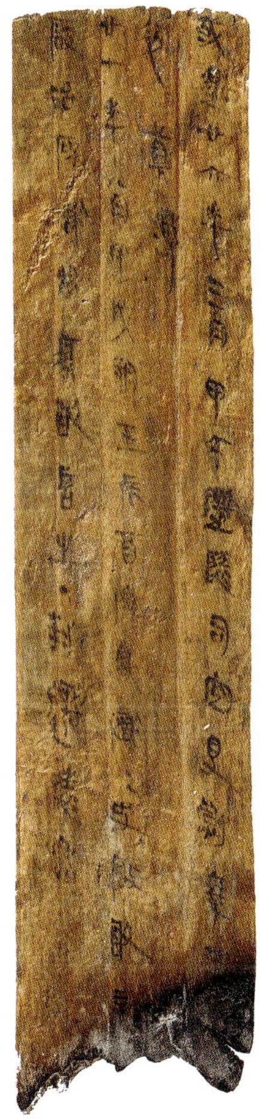

8-133（正）

或遝廿六年三月甲午遷陵司空旻尉乘□⍁
卒筭簿 ⍁
廿七年八月甲戌朔壬辰酉阳具獄=史啟敢□⍁
啟治所獄留須敢言之・封遷陵留 ⍁

八月癸巳遷陵守丞陘告司空主聽書從事⍁
起行司空 ⍁
八月癸巳水下四刻走賢以來／行手 ⍁

“船递”木牍

秦始皇三十五年（前212）
长8.4、宽1.7、厚0.3—0.8厘米
里耶古城遗址出土
里耶秦简博物馆藏

船一艘名曰□□⧄
卅五年十……⧄

8-1195

“船递”木牍

秦（前221—前207）
长13.5、宽1.5、厚0.2厘米
里耶古城遗址出土
湖南省文物考古研究所藏

8-473

尉敬敢再拜謁丞公∟校長襄☒
酉陽□滕船功沅陵□□以船□☒

秦朝邮传系统陆路和水路并用，已经注重利用汉水、长江、酉水、洞庭湖等水道与陆路交通结合传递公文。陆路长途、重要紧急的公文书信的传递使用车、马等交通工具，近距离的徒步传递；水路则使用船只。方式为沿政府规定的固定路线，由负责邮递的人员一站一站接力传送。

“公文收发”木牍

秦始皇三十年（前217）
长23.1、宽1.9、厚0.3厘米
里耶古城遗址出土
里耶秦简博物馆藏

8-1892

獄南曹書三封丞印二詣酉陽一零陽／卅年九月丙子旦食時隸臣羅以來

“公文收发”木牍

秦（前221—前207）
长16.6、宽2.3、厚0.3厘米
里耶古城遗址出土
里耶秦简博物馆藏

尉曹書二封丞印
一封詣零陽
一封詣昆陽邑 九月己亥水下八走印以☑

16-3

“公文收发”木牍

秦（前221—前207）
长 12.4、宽2.1、厚0.2厘米
里耶古城遗址出土
湖南省文物考古研究所藏

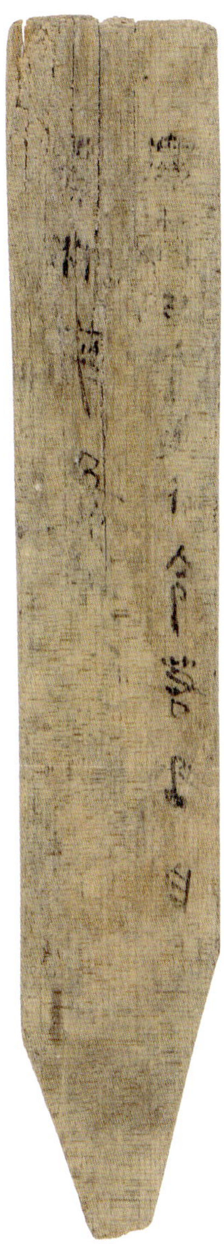

遷陵故令吏行令若丞自
發洞庭急＝

9-828（背）

酉陽以郵行洞庭

9-828（正）

简文内容是酉阳与洞庭、迁陵与洞庭的文书往来。

“文书传递”木牍

秦始皇二十九年（前218）
长23.3、宽1.8、厚0.35厘米
里耶古城遗址出土
湖南省文物考古研究所藏

廿九年十二月丙寅朔己卯司空色敢言之廷令隸臣□行書十六封日傳言今已傳者敢言之

8-1532（正）

己卯水下六刻隸妾畜以來／綽手　郤手

8-1532（背）

“文书延误”木牍

秦始皇二十八年（前219）
长22.6、宽1、厚0.3厘米
里耶古城遗址出土
湖南省文物考古研究所藏

書廿八年六月乙未到丙申起留一日具問而留

9-747

“公文迟到”木牍

秦始皇三十三年（前214）
长22.6、宽1、厚0.3厘米
里耶古城遗址出土
湖南省文物考古研究所藏

9-21（背）

遷□□／□脽手
□月□巳臨漢丞禮敢告遷陵丞主重敢告
主／差手 ／卌三年十月甲辰朔癸亥遷陵□□□告
……

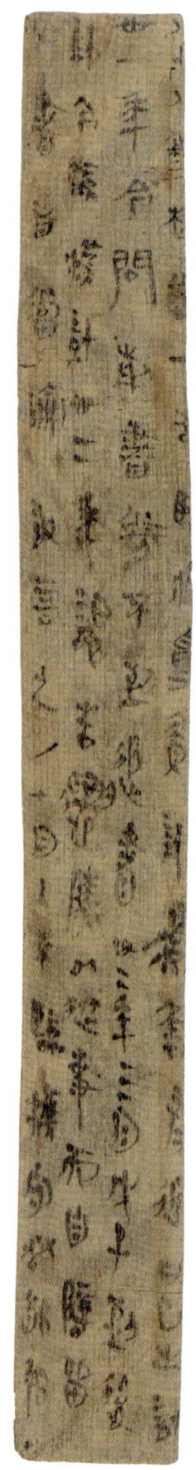

9-21（正）

□□□□校券一告臨漢受責計為報有追曰已出計
卌一年今問前書券不到追書卌二年三月戊子到後
□今臨漢計卌二年謁告遷陵以從事而自辟留
□書者當論敢言之／七月乙未臨漢守□都移

“传递路线”木牍

秦（前221—前207）
长23.4、宽3.2、厚0.4 厘米
里耶古城遗址出土
湖南省文物考古研究所藏

9-28

☒甲子朔戊子洞庭☐☐☐下縣各以道次傳別書洞庭尉
吏執灋屬官在縣界中☐☐下書焉洞庭尉下洞庭傳除=道=尉=下
當用者鐔成以便近道次盡下新縣皆以郵行書到相報
不報者追臨沅門淺上衎☐☐

简文内容是洞庭郡向所属县下发某次文书路线的规定。秦简的公文收发记录相当详细，文书的数量、发送机构、发往地点、何人封印、传递方式、收发时间、文书的持送人等全部记录，尤其是公文收发时间详细到年、月、日和具体的时刻。反映秦朝县级机构公文处理及时、准确、安全，运行规范、高效。

秦朝计时古今对比

滴漏白昼时刻			滴漏夜晚时刻			里耶秦简所记时刻	
	刻一	6:00—7:05		刻一	18:10—19:15		水十一刻刻下二	7:05—8:10
	刻二	7:05—8:10		刻二	19:15—20:20		水下四刻	9:15—10:20
	刻三	8:10—9:15		刻三	20:20—21:25		水十一刻刻下五	10:20—11:25
	刻四	9:15—10:20		刻四	21:25—22:30		水下八刻	13:35—14:40
	刻五	10:20—11:25		刻五	22:30—23:35		水十一刻刻下九	14:45—15:50
	刻六	11:25—12:30		刻六	23:35—0:40		水十一刻刻下者十刻	15:55—17:00
	刻七	12:30—13:35		刻七	0:40—1:45		水下尽	18:10
	刻八	13:35—14:40		刻八	1:45—2:50			
	刻九	14:40—15:55		刻九	2:50—3:55			
	刻十	15:55—17:00		刻十	3:55—5:00			
	刻十一	17:00—18:05		刻十一	5:00—6:00			

里耶秦简中文书的收发都有准确的时间记录，不仅记日，还精确到时、分，有许多使用水漏计时的记录。滴漏应是白昼、夜晚分别计时，各十一刻，一昼夜二十二刻，一刻约相当于今一小时零五分。假设按秦朝的6点为白昼起始来算，白昼、夜晚各十一刻与现在时间大致对应情况如表所示。

强化管理 劝课农桑

要保障社会政治稳定，经济发展，必须加强对全国各地户籍的管理。秦简中有很多关于各类人口管理的档案资料，这些详细的记录有利于官府掌管辖区人口，稳定社会，确保国家赋役徭役的征调。有关祭祀先农、灾害上报、垦地拓荒等农事的记录，则印证了秦自商鞅变法以来一直重视农业生产的史实。

“户籍”木牍

秦（前221—前207）
长24、宽1.7厘米
里耶古城遗址出土
里耶秦简博物馆藏

南陽户人荊不更□不實

妻曰有

子小上造遮

⧄

K48

秦朝户口登记类似于今天的“户口簿”，其特点是一木版记一户，又称“户版”，即为“户籍”。里耶秦简中有很多“户籍”资料，包括常居人口、流动人口、奴隶等，反映了秦朝人口管理制度已相当完备和严密。各级政府清晰掌握辖区人口，既可稳定社会秩序，又可确保国家赋役的征调。

“人口调查”木牍

秦（前221—前207）
长19.7、宽1.7、厚 0.2—0.4厘米
里耶古城遗址出土
湖南省文物考古研究所藏

8-535

⧄□□言爲人白晳色隋惡髮須長可七尺三寸年可六十四

⧄燕今不智死産存所毋内孫

简文内容是介绍一个叫言的人的具体情况，包括肤色、身高、年龄、生死、家庭等情况。按照秦朝的度量衡制度，一尺约23.1厘米，由此可知言的身高大概为167厘米左右。

“人口调查”木牍

秦始皇三十四年（前213）
长21.2、宽1.4、厚0.4厘米
里耶古城遗址出土
湖南省文物考古研究所藏

9-884

更戍卒城父公士西平賀長七尺五寸年廿九歲族蘇⧄
卅四年甲午朔甲辰令佐章探遷陵守丞昌前令⧄

简文内容是关于士卒个人的情况审核。

“户税统计”木牍

秦始皇三十五年（前212）
长13.8、宽1.4、厚0.3厘米
里耶古城遗址出土
里耶秦简博物馆藏

卅五年遷陵貳春鄉積户二萬一千三百☑
毋將陽闌亡乏户☑

8-1726

这是关于户税管理的文书。根据里耶秦简的记录，迁陵县下辖都乡、启陵、贰春三个乡，在秦始皇三十五年时贰春乡居民需缴纳二万一千三百钱的户税。

“作徒簿”木牍

秦始皇三十年（前217）
长11.9、宽2.6、厚0.3厘米
里耶古城遗址出土
湖南省文物考古研究所藏

卅年八月貳春鄉作徒薄
城旦鬼薪積九十人
仗城旦積卅人
舂白粲積六十人
隸妾積百一十二人

8-1637

作徒簿是秦代管理刑徒的记录，用来统计人数、刑期、劳作及其患病、死亡等情况。秦朝刑徒必须承担大量繁重的生产和工程建设工作，看管人员需要进行详细记录并每月汇总、报告至主管部门。作徒簿让我们获知当时刑徒的境遇和生活状况，以及他们所从事工程的规模和建设情况，对了解秦代法律及社会经济有重要价值。

秦朝刑徒分类示意图

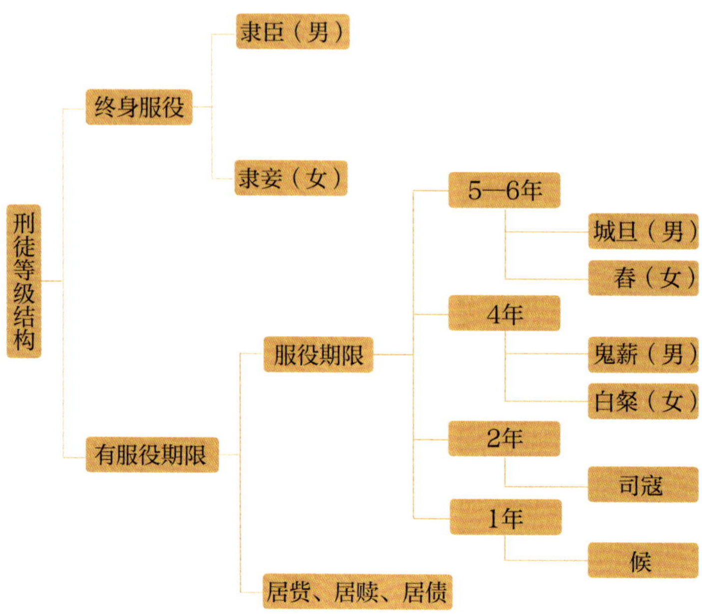

“物产上交”木牍

秦始皇三十三年（前214）
长23.1、宽3.1、厚0.25厘米
里耶古城遗址出土
里耶秦简博物馆藏

8-769（背）

六月乙巳旦守府即行　履手

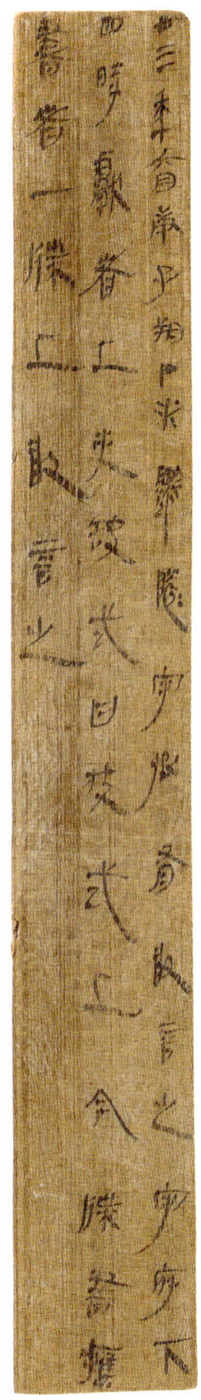

8-769（正）

卅三年六月庚子朔丁未遷陵守丞有敢言之守府下
四時獻者上吏缺式曰放式上今牒書應
書者一牒上敢言之

此枚简记载了迁陵县守丞向上级汇报所献物产之事。

"仓储管理"木牍

秦始皇三十一年（前216）
长23、宽2.5、厚0.3厘米
里耶古城遗址出土
里耶秦简博物馆藏

七月壬子日中佐處以來／端發　　處手

8-173（背）

卅一年六月壬午朔庚戌庫武敢言之廷書曰令吏操律令詣廷讎
署書到吏起時有追·今以庚戌遣佐處讎
敢言之

8-173（正）

这是关于仓储物资管理的文书，县廷要求仓库管理员核对物资。

“仓库管理”简

秦始皇三十四年（前213）
长 22.8、宽3.1、厚0.3厘米
里耶古城遗址出土
湖南省文物考古研究所藏

9-50（背）

不環謁遣令史與平雜診之謁報署倉發敢言之
二月甲辰日中時典輈以來／壬發　平手

9-50（正）

卅四年二月丙申朔己亥貳春鄉守平敢言之廷令平代鄉茲守貳春今茲下之廷
而不盡告以倉粟=問之有不告平以其數即封倉以私印今茲繇使未歸
遠逃而倉封以私印所用備盜賊糧盡在倉中節盜賊發吏不敢
蜀發倉毋以智粟=備不備有恐乏追者糧食節茲復環之官可缺

简文内容是贰春乡代乡长平因为自己被县廷任命暂代乡长兹管理贰春乡，但兹却不告诉平仓库粟米数量，用私印封印了仓库。因为兹被派徭使不知何时归，平担心防备盗贼粮食都在仓库之中，万一盗贼兴起，自己却不能独自打开粮仓，也不知道粮食充足与否，请求县廷派官吏与平一起来处理此事。

“捕鼠统计”木牍

秦（前221—前207）
长15.7、宽1.1、厚0.3厘米
里耶古城遗址出土
湖南省文物考古研究所藏

倉廚捕鼠十 嬰 ☐

9-1133

“物品核查”木牍

秦（前221—前207）
长17.5、宽1.2、厚0.25厘米
里耶古城遗址出土
湖南省文物考古研究所藏

鐵鐶斧廿不見

9-751

“兵器核验”简

秦（前221—前207）
长17.5、宽1.2、厚0.25厘米
里耶古城遗址出土
湖南省文物考古研究所藏

8-460

遷陵庫真見
甲三百卌九
甲冑廿一
鞮瞀卅九

冑廿八
弩二百五十一
臂九十七
弦千八百一

矢四萬九百□
戟二百五十一

简文内容是迁陵县库房统计存储的兵器种类和数量。当时官府所有兵器的种类、数量、完残、出库入库情况等，都必须严格管理，记录在案。

“家畜统计”木牍

秦（前221—前207）
长23、宽2.7、厚0.3厘米
里耶古城遗址出土
湖南省文物考古研究所藏

少内畜員
牝彘一
□□□少
牝犬一

雌雞五
雄雞

10-3

“统计合计”木牍

秦（前221—前207）
长22.8、宽1.9、厚0.1—0.25厘米
里耶古城遗址出土
湖南省文物考古研究所藏

8-481

司空曹計録
船計
器計
贖計
貲責計
徒計
凡五計
史尚主

简文内容是司空曹所负责船、器、赎、债务、刑徒的统计集合。

“车辆统计”木牍

秦始皇三十四年（前213）
长23.1、宽1.9、厚0.2 厘米
里耶古城遗址出土
湖南省文物考古研究所藏

正月辛未夕居貲士五少里庞行

□手

9-49（背）

卅四年正月丁卯朔庚午遷陵守丞巸敢言之今日上見乘車會二月朔

日守府今上當令者一牒它毋當令者敢言之

兵曹

9-49（正）

简文内容是迁陵县因上报现有乘车数量会于二月一日太守府的命令而上书一事。

“水路运输”木牍

秦始皇二十七年（前220）
长23.3、宽3、厚0.3厘米
里耶古城遗址出土
里耶秦简博物馆藏

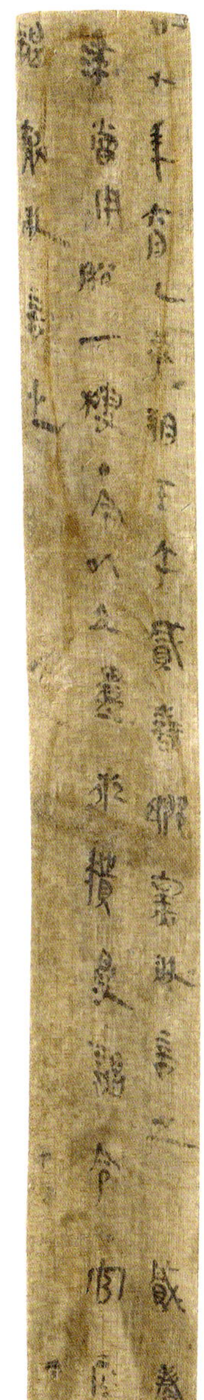

12-849（正）

廿七年六月乙亥朔壬午貳春鄉窯敢言之貳春
津當用船一㮴·今以旦佐頳受謁令官叚
謁報敢言之

12-849（背）

六月丁亥遷陵丞歐告司空主以律令從吏報之／　釦手
丁亥日中佐頳行
六月丁亥水下三刻佐頳以來／　釦手　頳手

这是迁陵县贰春乡物资运输时使用船只的记载，反映了当时湖南水路交通运输的便利。

“劝农耕作”木牍

秦（前221—前207）
长23.4、宽1.35、厚0.5厘米
里耶古城遗址出土
湖南省文物考古研究所藏

9-167

府田官不勉力調護勸勉作☐

该简要求吏员勉力劝民耕作。

“鼓励垦荒”木牍

秦始皇三十五年（前212）
长37.2、宽2.4、厚0.35厘米
里耶古城遗址出土
里耶秦简博物馆藏

卅五年三月庚寅朔丙辰貳春鄉茲爰書南里寡婦慭自言謁豤草田故桑地百廿步在故
步北恒以為桑田
三月丙辰貳春鄉茲敢言之上敢言之／詘手

9-14（正）

四月壬戌日入戍卒寄以來／瞫發　詘手

9-14（背）

“垦田统计”木牍

秦二世元年（前209）
长13、宽3.5厘米
里耶古城遗址出土
里耶秦简博物馆藏

八月庚寅日入顧以來／援發　顧手

9-1869（背）

元年八月庚午朔庚寅田官守顧敢言
之上豤田課一牒敢言之☐

9-1869（正）

秦朝官府十分重视土地开垦，把开垦荒地面积的多少作为衡量地方行政管理政绩的一个标准，同时也作为征收农民赋税的一种依据。从这组简文来看，秦朝地方官吏对于土地开垦的情况都要进行详细、及时的记录与汇报。从中也能看出基层官府为增加耕地、发展农业所作的努力和取得的显著成绩。

完善官制 以法治国

秦朝已形成完备而严密的地方吏治。每年秋冬之际，各县将全年治理情况上报到郡，郡上报中央；中央派人到各郡考察，郡、县也分别派人到所管辖县、乡考察，形成了自上而下的层层监督与考核体系。秦朝以法治国，法律制度多源于商鞅变法，统一全国后，又做了完善补充，修订了法律制度并颁行全国各地，使社会生活各领域多有法可依。

“令史伐阅”木牍

秦（前221—前207）
长23.3、宽3.1、厚0.3厘米
里耶古城遗址出土
里耶秦简博物馆藏

8-266

資中令史陽里釦伐閱
十一年九月隃為史 □計 户計
為鄉史九歲一日 年卅六
為田部史四歲三月十一日 可直司空曹
為令史二月

这是令史（县令的下属官吏）的“伐阅”，“伐”指功绩，“阅”指任职资历。“伐阅”记录官吏所任职务和任职时间，类似于今天的“履历表”，是官吏任职与提拔的重要依据。

“官吏考核”木牍

秦始皇二十九年（前218）
长19.9、宽3、厚0.3厘米
里耶古城遗址出土
湖南省文物考古研究所藏

8-1521（背）

四月壬午水下二刻佐圂以來／槐手☐

8-1521（正）

廿九年四月甲子朔辛巳庫守悍敢言之御史令曰各第官徒丁☐
勮者爲甲次爲乙次爲丙各以其事勮易次之·令曰各以☐☐
上·今牒書當令者三牒署第上敢言之☐

简文内容是迁陵库守按照中央遴选官吏的规则进行比照工作，并把情况上报。秦朝实行了一系列加强吏治的考核措施，官吏的政绩直接与他们的俸禄、升迁等挂钩，并按规定的操作标准和严格的奖惩制度进行考核。

“官吏调动”木牍

秦（前221—前207）
长23.5、宽1.2、厚0.2厘米
里耶古城遗址出土
湖南省文物考古研究所藏

都鄉嗇夫徙為貳春鄉

9-1588

“人事任命”木牍

秦（前221—前207）
长23、宽1、厚0.2—0.4厘米
里耶古城遗址出土
湖南省文物考古研究所藏

東成不更朱發受令

9-1132

“视事”木牍

秦始皇三十二年（前215）
长22.8、宽2.3、厚0.2厘米
里耶古城遗址出土
湖南省文物考古研究所藏

9-48（背）

卅二年十月己酉朔壬子遷陵丞昌下倉以律令從事／圂手／
守府□下倉隸臣□行
十月庚戌十一刻=下九隸妾□以來／圂手　□手

9-48（正）

卅一年後九月庚辰朔乙巳啟陵鄉守□敢言之
佐□為叚令史以乙巳視事謁令官假
養走敢言之

视事即上任报到。简文内容是启陵乡向迁陵县报告佐□因代理令史一职，请求县廷提供烹炊和奔走的仆役。县廷收到请求后让仓按律行事。

秦简所见秦朝法律一览

序号	法律名称	法律内容
1	《置吏律》	关于官吏任用的法律
2	《除吏律》	关于官吏任用的法律
3	《除弟子律》	关于吏师弟子管理的法令，涉及学籍、黜免、任用等条文
4	《中劳律》	关于核定从军劳绩的法律规定
5	《军爵律》	关于从军有功授爵、赏赐和以爵位赎抵罪罚的法律规定
6	《公车司马猎律》	关于田猎中公车司马的职务规定
7	《属邦》	关于管理少数民族的机构职责
8	《游士律》	关于游说之士的法律规定
9	《傅律》	关于男子成年申报傅籍的法律规定
10	《敦(屯)表律》	关于屯驻边防的法律规定
11	《戍律》	关于行戍边防的法律规定
12	《工律》	关于官营手工业生产定额的法律规定
13	《工人程》	关于官府劳动生产定额的法律规定
14	《均工》	关于调动手工业劳动者的法律规定
15	《徭律》	关于徭役征发的法律规定
16	《司空》	关于兴建工程、刑徒监管的法律规定
17	《内史杂》	关于掌治京师的内史职务的各种法律规定
18	《尉杂》	关于掌刑辟的廷尉的各种法律规定
19	《田律》	关于农田水利、山林保护和田地税的法律制度
20	《效律》	关于核验官府物质财产账目的法律制度
21	《臧(藏)律》	关于官府库藏的法律规定
22	《仓律》	关于国家粮食的储存、保管、发放与度量衡的法律规定
23	《厩苑律》	关于饲养牛马的厩圈和苑囿管理的法律规定
24	《金布律》	关于货币、布匹的流通，市场交易管理的法律规定
25	《关市》	关于边关的交易、市场贸易的法律规定
26	《传食律》	关于驿传供给饭食的法律规定
27	《行书》	关于传送文书的法律规定
28	《牛羊课》	关于考核牛羊饲养的法律规定

“公器赔付”木牍

秦（前221—前207）
长22.9、宽2.7、厚0.15 厘米
里耶古城遗址出土
湖南省文物考古研究所藏

8-645（正）

敬問之吏令徒守器而亡之徒
當獨負・日足以責吏弗責負者死
亡吏代負償

8-645（背）

徒守者往戍可敬訊而負之可不可
其律令云何謁報

简文内容是讲述官吏让刑徒看守公器，公器亡失的话，刑徒要承担责任赔付。应该按日期还债，官吏却没有，刑徒死亡的话，官吏就得代为偿还。

“公债赔付”木牍

秦始皇二十七年（前220）
长23、宽4.1、厚0.1—0.3厘米
里耶古城遗址出土
湖南省文物考古研究所藏

8-63（背）

十月辛卯旦朐忍索秦士五狀以來／慶手　兵手

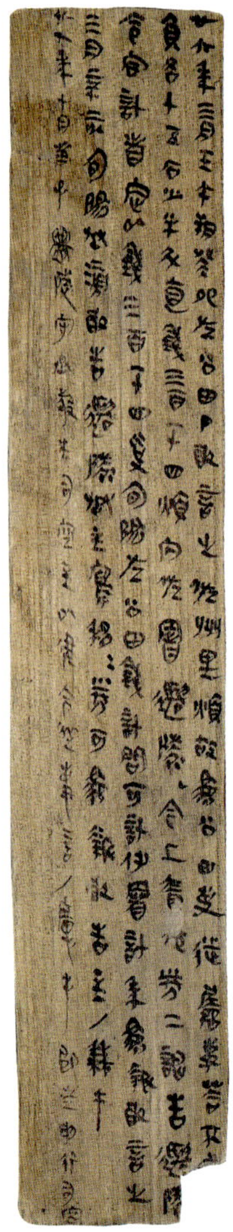

8-63（正）

廿六年三月壬午朔癸卯左公田丁敢言之佐州里煩故爲公田吏徙屬事荅不備分
負各十五石少半斗直錢三百一十四煩冗佐署遷陵乚今上責校券二謁告遷陵
令官計者定以錢三百一十四受旬陽左公田錢計問可計付署計年爲報敢言之
三月辛亥旬陽丞滂敢告遷陵丞主寫移=券可爲報敢告主／兼手
廿七年十月庚子遷陵守丞敬告司空主以律令從事言／應手即走申行司空

简文内容是一名叫烦的佐官曾在担任公田吏时因做事不当需赔付粮食十五石少半斗，约合314钱，烦从属迁陵，现由旬阳县田官向迁陵县长官说明债务情况，并询问如何赔付。从中我们可以获知当时一石粮食约值21钱。

“官服纠纷”木牍

秦（前221—前207）
长17.5、宽2.9、厚0.25厘米
里耶古城遗址出土
湖南省文物考古研究所藏

⧄刻隸妾少以來／朝手　彼死手

8-648（背）

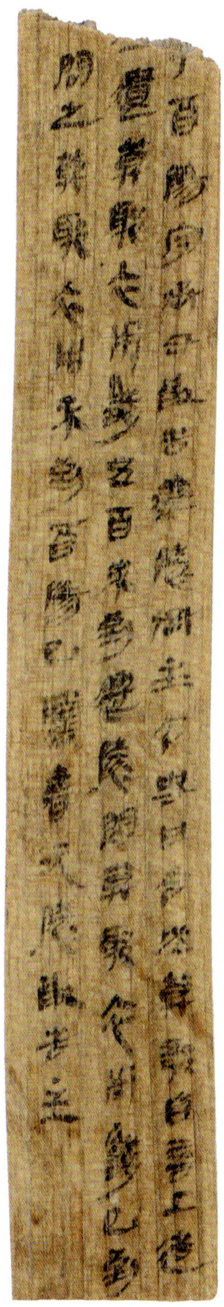

⧄□酉陽守丞又敢告遷陵丞主令史曰令佐莫邪自言上造
⧄□遺莫邪衣用錢五百未到遷陵問莫邪衣用錢已到
⧄問之莫邪衣用未到酉陽已騰書沅陵敢告主

8-648（正）

简文内容是关于酉阳和迁陵一个叫莫邪的令佐的衣用钱到没到的问题的来往文书。这说明当时官吏的服装置办都是由政府负责的。

“运送错误”木牍

秦始皇三十年（前217）
长46、宽2、厚0.35厘米
里耶古城遗址出土
湖南省文物考古研究所藏

□堪手

8-754+8-1007（背）

卅年□月丙申遷陵丞昌獄史堪
道百六十七里即與史義論貲

訊昌辤曰上造居平□侍廷爲遷陵丞□當詣貳春鄉=渠史獲誤詣它鄉□失
渠獲各三甲不智劾云貲三甲不應律令故皆毋它坐它如官書

8-754+8-1007（正）

简文内容是迁陵官吏审讯因官员误将文书送错地方而受到何等处罚的文书。

“公船丢失案”木牍

秦始皇三十年（前217）
长23、宽2.7、厚0.3厘米
里耶古城遗址出土
湖南省文物考古研究所藏

9-981（背）

九月庚午旦佐壬以來／扁發

壬手

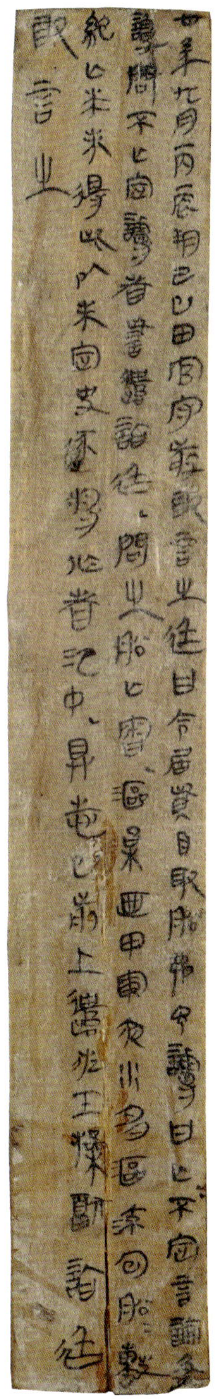

9-981（正）

卅年九月丙辰朔己巳田官守敬敢言之廷曰令居赀目取船弗予謾曰亡=不定言論及
讂問不亡定謾者訾遣詣廷乚問之船亡審漚枲迺甲寅夜水多漚流包船=毄
絶亡求未得此以未定史逐將作者氾中具志已前上遣佐壬操副詣廷
敢言之

“追盗事件”木牍

秦始皇二十六年（前221）
长23.1、宽2.8、厚0.2—0.4厘米
里耶古城遗址出土
里耶秦简博物馆藏

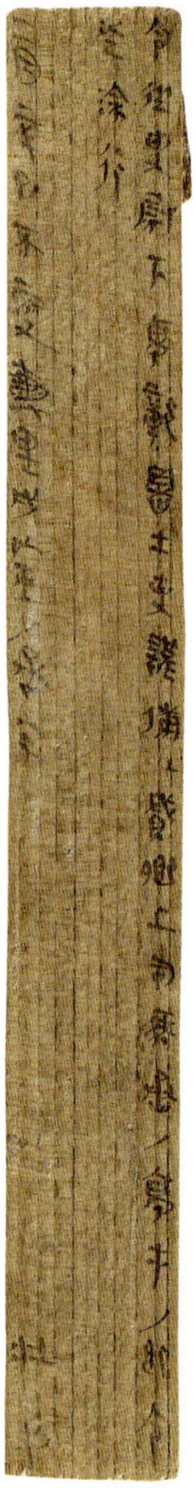

9-1112（背）

令從事尉下亭鄣署士吏謹備⌞貳鄉上司馬丞／亭手／即令
走涂行
二月辛巳不更輿里戌以來／丞手　壯手

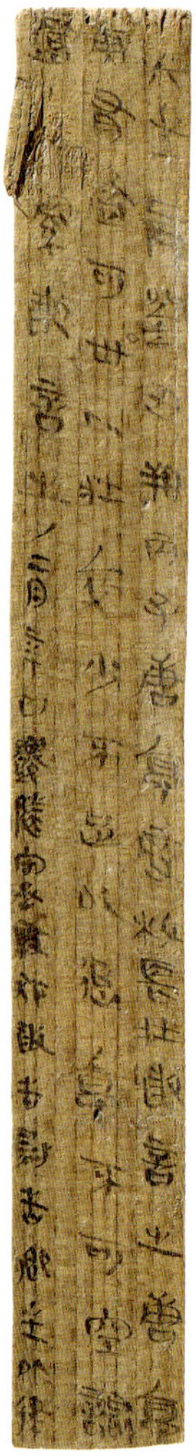

9-1112（正）

廿六年二月癸丑朔丙子唐亭叚校長壯敢言之唐亭
旁有盜可卅人壯卒少不足以追亭不可空謁
遣卒索敢言之／二月辛巳遷陵守丞敦狐敢告尉告鄉主以律

这是秦始皇二十六年二月迁陵下辖唐亭的官吏向迁陵守丞就唐亭附近出现群盗事件所作的汇报，大意是陈述唐亭对此事未采取措施的原因：唐亭士卒人少，不足以追击群盗，且不能为追盗而使亭空置。随后迁陵官府也下文提醒各辖区做好应对措施和准备。这枚简反映了秦始皇二十六年时迁陵境内尚未趋于稳定的混乱状态，从中亦可窥见秦代应对突发事件的举措。

饭稻羹鱼　民安其业

秦朝的统一，结束了数百年的战乱，社会趋向稳定。在政府提倡农耕政策之下，湖南地区物产丰富，食物结构进一步多元化，百姓“男乐其畴，女修其业”“饭稻羹鱼”，生活虽不宽裕，却也安逸。

“稻谷”木牍

秦始皇三十一年（前216）
长37.5、宽1.6、厚0.5厘米
里耶古城遗址出土
湖南省文物考古研究所藏

稻八斗卅一年二月辛卯倉守武史感稟人堂出稟少内佐□

令史犴視平

感手

9-15

简文内容是迁陵县仓库发给官吏粮食的记录。

“枳枸”木牍

秦始皇三十三年（前214）
长23.3、宽0.9、厚0.3厘米
里耶古城遗址出土
湖南省文物考古研究所藏

令=佐聲獻枝枸·卅三年十一月□⧄

10-174

枳（枝）枸，就是枳椇，又名拐枣、枸、万字果、金果梨等，《诗经》等文献均有记载，可生食、酿酒、熬糖。在秦朝时湖南的枳枸属于一种上缴的特产。

“粟（小米）”木牍

秦始皇三十一年（前216）
长37.3、宽1.8、厚0.6厘米
里耶古城遗址出土
湖南省文物考古研究所藏

徑廥粟一石二斗少半=升　卅一年十一月丙辰倉守妃史感稟人援出稟大隸妾女

令史扁視平

感手

9-13

简文内容是迁陵县仓库发给刑徒粮食的记录。

“粟（小米）”木牍

秦始皇三十一年（前216）
长22.2、宽1.2、厚0.3厘米
里耶古城遗址出土
湖南省文物考古研究所藏

徑廥粟=一石六斗

卅一年七月辛亥朔=日田官守敬佐壬稟人娙出稟罰☐

令史逐視平☐

9-40

简文内容是迁陵县仓库发给士卒的记录。

“珍禽”木牍

秦始皇二十八年（前219）
长23.2、宽2.7、厚0.25厘米
里耶古城遗址出土
湖南省文物考古研究所藏

8-1570（背）

七月乙卯啓陵鄉趙敢言之恐前書不到寫上敢言之／貝手
七月己未水下八刻□□以來／敬手　貝手

8-1570（正）

廿八年七月戊戌朔乙巳啓陵鄉趙敢言之令=啓陵捕獻鳥得明渠
雌一以鳥及書屬尉史文令輸文不肎受即發鳥送書削去
其名以予小史適=弗敢受即詈適已有道船中出操栮以走趙奊訽
詈趙謁上獄治當論=敢言之令史上見其詈趙

简文内容是启陵乡收到捕鸟的命令，得到了一只雌的明渠鸟，让尉史文输送鸟和文书，但文不愿，又给小史适，适也不敢送。还有人用船桨追赶和辱骂启陵乡长赵，赵因此上书此事，请求将这些人治罪。赵担心上一封文书没有送到，又重新发了一份到县廷。

“家畜家禽”木牍

秦（前221—前207）
长23.1、宽2、厚0.4厘米
里耶古城遗址出土
湖南省文物考古研究所藏

畜官畜員　牡犬一
牝彘一　雌雞四
牝犬一　雄雞一　豭一

10-86

秦朝时里耶粮食以稻为主，即司马迁所说的“饭稻羹鱼”，也兼种麦、豆等。肉食品则以家畜猪、牛、羊、鸡为主。此外，因里耶依山傍水，山多林茂，“果蓏（luǒ）蠃（luǒ）蛤（gé）”等天然食品也较为丰富。里耶古城遗址出土的核桃、菖头、梅子、酸枣、葫芦等食品即为佐证。

第二单元
两汉·三湘四水渐繁荣

PART 2 THRIVING TREND OF THE HUNAN REGION HAN DYNASTY (202 BC – 220 AD)

西汉初年，汉廷设立长沙国，同时推行“休养生息”之策，湖南地区社会稳定，经济获得长足发展。至东汉时期，设长沙郡，经过几任贤良太守的治理，地处沅湘之间交通便利、资源丰富、人口众多的长沙、益阳等地，社会经济得到进一步发展。历年考古发掘的简牍资料，为我们了解两汉时期湖南地区基层社会的状况提供了更为丰富的证明与详细的补充。

In the early western Han dynasty, the Han court set up the Changsha Kingdom and implemented the policy of recovering from a social upheaval and restoring production, therefore the economy in Hunan region boomed. In the Eastern Han dynasty, with the establishment of Changsha Prefecture and governance of several able chiefs, the society and economy in such cities as Changsha and Yiyang with convenient transportation, rich resources and dense population got further development. The bamboo slips excavated over the past decades proved and supplemented in details the information on the gross root society in Hunan region in the Han dynasty.

郡国并立 稳定地方

西汉承袭了秦朝的郡县制度，又吸取秦朝灭亡的教训，推行“郡国并立”，郡国之下设立县、乡、里，以加强地方管理，保证社会稳定。西汉时湖南地区设置一国（长沙国）、三郡（武陵、零陵、桂阳），东汉时改置长沙、桂阳、武陵、零陵四郡。汉代郡国的设置，基本奠定了今天湖南的行政区划范围。

"王后视察益阳"木牍

西汉高后三年（前185）
长10.9、宽4.4、厚0.1厘米
益阳兔子山遗址七号井出土
湖南省文物考古研究所藏

三年三月癸丑朔壬☑
王環王后來益陽☑
謁以二年三年作☑
之 佐佐佐佐☑

J7③6（正）

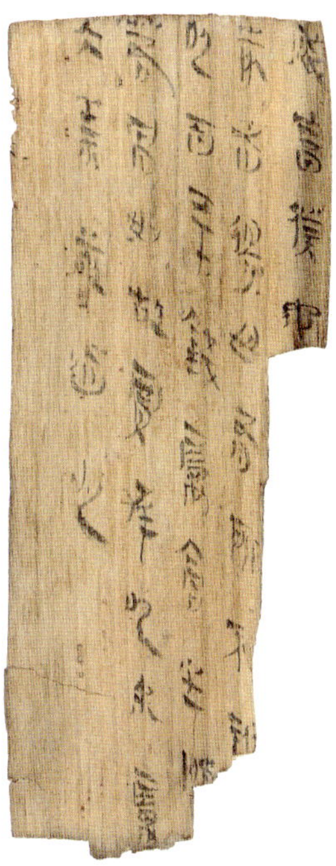

賤畜僕佗☑
前者得毋有所不辨☑
以百五十錢屬倉主勝☑
若過如故貴幸以米屬☑
大柰敬道之☑

J7③6（背）

“王后视察益阳”木牍

西汉高后三年（前185）
长14.9、宽2.2、厚0.1厘米
益阳兔子山遗址七号井出土
湖南省文物考古研究所藏

申言王環□王后來給其用瓦□盂各百五十府
許令獄司空給各五十至今未給故令佐濯行
□謁下獄司空具以□盂畀濯□⧄

J7④54+J7②14

这两枚简记录了益阳县迎接王后视察的事情。简文中“三年三月”据考为西汉高后三年。这位王后应是吴氏长沙国第四任长沙王吴右的妻子，此枚简牍可视为西汉王朝在湖南设置长沙国的证据。

西汉长沙国示意图

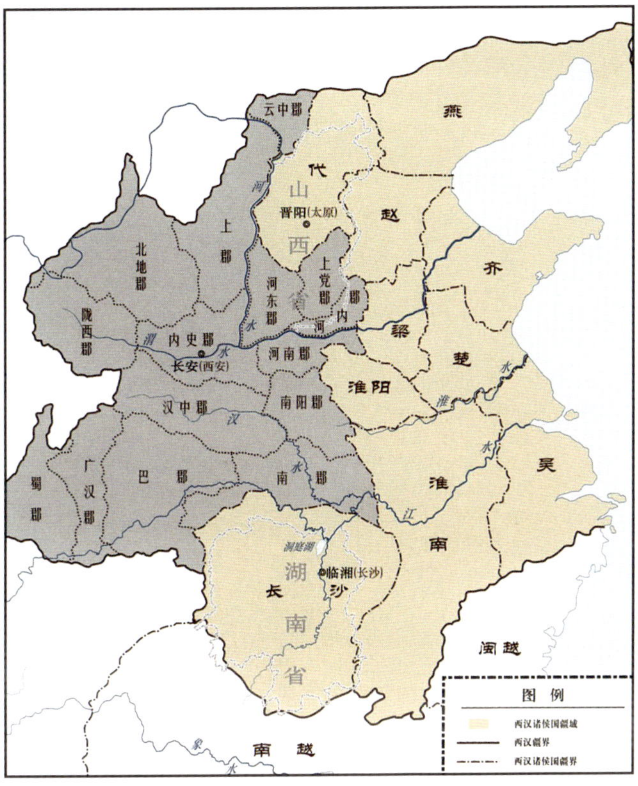

长沙国王后渔阳墓发掘现场

“渔阳”凤纹漆耳杯

西汉（前202—8）
1993年长沙市望城坡古坟垸一号墓出土
长沙简牍博物馆藏

木胎，椭圆形，曲腹，平底。外髹黑漆，内髹红漆。外底锥刻“渔阳”字样，是作为渔阳王后个人专用的酒具器物之一。耳杯在战国时已出现，汉代盛行，一直沿用到南北朝时期。

“陛下赠物”木楬

西汉（前202—8）
1993年长沙市望城坡古坟垸一号墓出土
长沙简牍博物馆藏

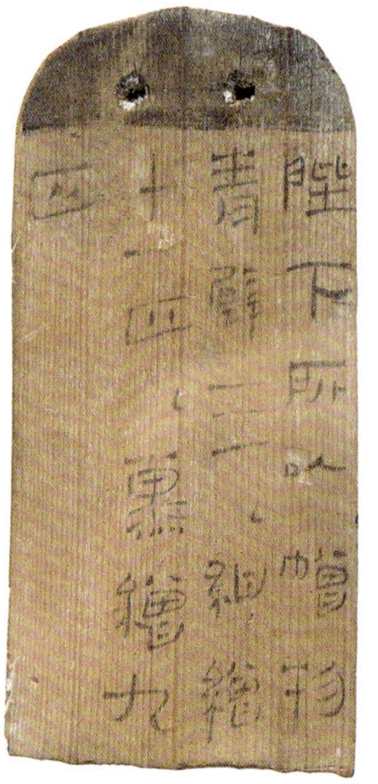

陛下所以幠物
青璧三乚紺缯
十一匹乚薰缯九
匹

“长沙都尉”滑石印

西汉（前202—8）
1988年长沙市五一路邮电局一号墓出土
长沙博物馆藏

印近方形，上有龟纽。印面阴刻篆书“长沙都尉”四字。都尉是执掌军事的武职，由秦郡尉演化而来。“长沙都尉”属于长沙国下设官员。汉时有职官迁、死必解印绶的规定，官印禁止作为明器随葬，故多有以滑石印为替代品随葬之俗。

“孱陵长印”滑石印

西汉（前202—8）
2000年长沙市东塘一号墓出土
长沙市文物考古研究所藏

印近方形，上有龟纽。印面阴刻篆书“孱陵长印”四字，为孱陵县长之印。孱陵县在秦代就已设立，西汉沿用不变，属武陵郡下辖除索县和临沅县之外最重要的大县，是通往都城长安的必经之道。

“都乡啬夫”滑石印

西汉（前202—8）
1975年长沙市银盆岭王佩龙子山三号墓出土
长沙博物馆藏

印近方形，上有桥形纽。以复刀刀法急就小篆白文“都乡啬夫”四字。战国、秦朝时“啬夫”为县属行政官员，管理众多事物。汉朝时“啬夫”属于乡里官员，“职听讼，收赋税”。

金饼

西汉（前202—8）
2006年长沙市望城区风篷岭一号墓出土
长沙市文物考古研究所藏

圆饼形，正面光滑内凹，上有裂纹，边侧錾刻“V”形符号，背面粗糙呈蜂窝状。每枚金饼重250克左右，相当于汉制的一斤。此类金饼为长沙王在宗庙祭祀时上贡的黄金，又称“酎金”。

玉璧

西汉（前202—8）
1975长沙市咸家湖陡壁山一号墓出土
长沙博物馆藏

“七年门浅”漆耳杯

西汉（前202—8）
2008年长沙市西汉长沙国王陵区出土
长沙博物馆藏

西汉时在诸侯国的范围内，门浅库是一个管理手工业门类的机构，与汉代“作府”的职能一致，同时也担负了储藏各种货贿的职能。耳杯右侧针刻一“贞”字，其侧朱漆书“门浅库”三字，说明其被买入长沙王府后，由“门浅库”储藏，由中官“贞”掌管。

“长沙大守”封检

东汉元兴元年（105）
长16.4、宽7.7厘米
长沙五一广场遗址一号井出土
长沙市文物考古研究所藏

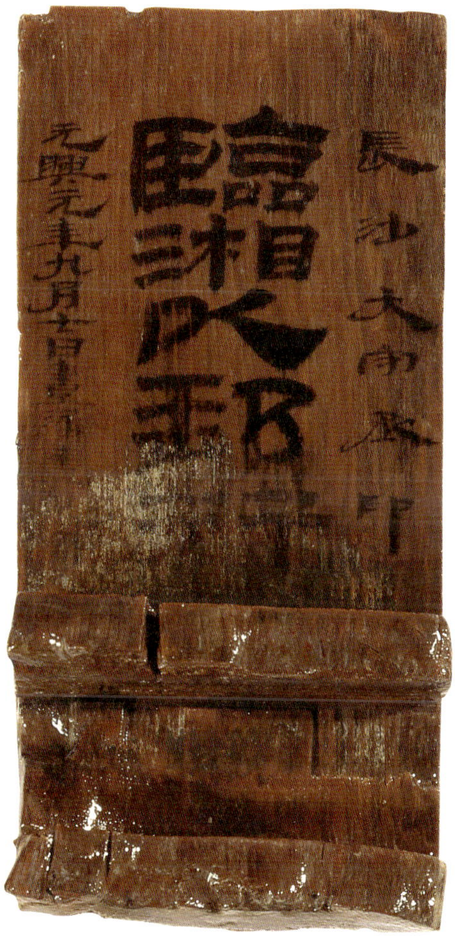

455

長沙大守丞印
臨湘以郵行
元興元年九月七日晝漏盡起

简文内容是这份公文的封检，上面盖的是长沙大守丞的印章。临湘县用邮驿传送该公文。元兴元年九月七日傍晚发出公文。

“延平元年”木牍

东汉延平元年（106）
长22.8、宽3.2厘米
长沙五一广场遗址一号井出土
长沙市文物考古研究所藏

兼掾昆守属褏書佐汜

671（背）

延平元年三月戊寅朔六日癸未行長沙大守文書事大守丞當謂
臨湘民自言辤如牒即如　辤書到爰書聽受麥　秋考實姦詐明分别

671（正）

简文内容是延平元年三月戊寅朔，六日癸未，行长沙郡大守文书事，大守丞当说：临湘县县民自己说，提供的证词属实，等辞书到达了，听从、接受爰书的意见，在麦熟的季节考按违法的实情，明确区分。

“机构设置”简

东汉永元二年至永初五年（90—111）
长22.7、宽3厘米
长沙五一广场遗址一号井出土
长沙市文物考古研究所藏

81

書輒逐召定考問辤本縣奇鄉民前流客占屬臨湘南鄉樂成里今

不還本鄉執不復還歸臨湘願以詔書隨人在所占謹聽受占定西

这枚简文内容讲述了一个居住在长沙郡临湘县南乡乐成里名字叫作占的人，后来迁到奇乡居住的有关证词审核。它反映了东汉时期郡下设县、县下设乡、乡下设里的行政层级，说明汉朝基本承袭了与秦朝的地方行政设置制度。

“县级官员”木两行

东汉永元二年至永初五年（90—111）
长23.2、宽3.5厘米
长沙五一广场遗址一号井出土
长沙市文物考古研究所藏

正月十四日戊辰攸 長豹丞种叩頭移
臨湘寫移書御令史 白長吏詳自推處 逐捕除等如詔書

407

简文内容是正月十四日戊辰，攸县长豹、县丞种转达临湘县誊抄后转发的文书：御令史白和长吏详推究判断、抓捕除等情况。

“私人书信”木牍

东汉建宁四年至中平三年（171—186）
长17.5、宽4厘米
长沙东牌楼遗址七号井出土
长沙市文物考古研究所藏

下書猶頓首言□□□□□□□□
□漢臺幼才者勤勞王事□□□
漢食皆悉閒安善□忽□[昔][日][以]□
爲千萬朱□□□□□□□

30（正）

近會聞大夫從尹主簿相求賞以是曹□
知不忽亡世往迷探問云言漢臺亡
悲痛悲痛以無宜自矢夫丘山當相爲
□屬財復告忌念=因附表命不具[惶][恐]
惶恐頓首頓首千萬諸[夫][人]也

30（背）

简文内容：收信人，在汉朝廷做官，且地位不低。尹主簿，是长沙人在郡或县门下机关里面任长官。求赏，指求取财物、赏赐。

西汉官职设置简表

部门		官职	品级	职掌
中央政府机构官职	三公	丞相（相国）	秩万石	辅佐皇帝治理天下
		御史大夫	秩万石	外掌督部刺史，内掌公卿奏事举劾
		太尉	秩万石	掌全国军事
	九卿	太常	秩中二千石	掌宗庙礼仪，兼掌选试博士
		光录勋	秩中二千石	掌宫殿护卫
		卫尉	秩中二千石	掌宫门警卫
		太仆	秩中二千石	掌皇帝舆马
		廷尉（大理）	秩中二千石	掌刑狱
		大鸿胪	秩中二千石	掌少数民族朝见宾礼
		宗正	秩中二千石	掌皇族及亲属事务
		大司农	秩中二千石	掌租税钱谷盐铁和国家财政收支
		少府	秩中二千石	掌山海池泽收入和皇室手工业制造，以给其养
	其他官职	尚书	秩中二千石	在皇帝左右办事
		执金吾	秩中二千石	掌京师治安
		内史	秩二千石	掌治京师
		右扶风	秩二千石	掌列侯
地方官职（十三部州）		刺史或牧	刺史，秩六百石；牧，秩二千石	掌监查郡事
		郡守	秩二千石	掌治其郡
		郡丞	秩六百石	郡佐
		都尉	秩比二千石	专掌军事
		县令 县长	令，秩千石至六百石 长，秩五百石至三百石	同秦制
		县丞 县尉	秩四百石至二百石	

重视官制 加强考核

地方吏治是国家安定的重要因素，汉宣帝曾说："与朕共治天下者，其唯为良二千石（郡守）乎！"两汉时期，政府为了保证政权稳固、社会安定，十分重视对各级官吏的管理。各级地方官吏大多能勤于政务，认真核查辖区人口，管理仓库物资，依法处理司法案件等。所有日常政务业绩，都将是他们年终考核、升降奖惩的重要依据。

“公文起草”木两行

东汉永元二年至永初五年（90—111）
长23.4、宽3厘米
长沙五一广场遗址一号井出土
長沙市文物考古研究所藏

門下書佐□野

441（背）

永元十七年四月甲申朔十二日乙未書佐胡竇敢言之願葆任效功亭長
胡詳不桃亡竇手書 敢言之

441（正）

简文内容是永元十七年四月甲申朔，十二日乙未，书佐胡窦起草公文汇报说：愿担保效功亭长胡详不会逃亡。

“公文签发”木两行

东汉永元二年至永初五年（90—111）
长22.9、宽3.1厘米
长沙五一广场遗址一号井出土
长沙市文物考古研究所藏

教若

386

汉晋上行文书上报后，上级官员批准后常签字核准，称之为“画诺”，做法是在简之上方书写“诺”或“若”字。

“公文签发”木两行

东汉永元二年至永初五年（90—111）

长22.8、宽3.6厘米

长沙五一广场遗址一号井出土

长沙市文物考古研究所藏

君教諾

388

“公文签发”木牍

东汉和帝永元二年至安帝永初五年（90—111）
长22.7、宽4.6厘米
长沙五一广场遗址一号井出土
长沙市文物考古研究所藏

429 + 430

君教若

左賊史式兼史順詳白前部左部賊捕掾篤等考實
南鄉丈田史黃宮趣租史李宗毆男子鄧官狀今
篤等書言解如牒又官復詣曹診右足上有毆創一所
廣袤五寸不與解相應守丞護掾普議解散略請
却實核白草

简文内容是左贼史式、兼史顺详细汇报说：前部左部贼捕掾篤等，对南乡丈田史黄宫督促租史李宗殴打男子邓官的事件进行考按实情。现在篤等上报说，情况跟文书上记载的相符。另外，官再次来到衙署验伤，右脚上有一处长宽各五寸的伤痕，与文书记载不符。守丞护、掾普商议，请某某进行核实。

“乡民迁居”木两行

东汉和帝永元二年至安帝永初五年（90—111）
长22.7、宽3.1厘米
长沙五一广场遗址一号井出土
长沙市文物考古研究所藏

369

本縣奇鄉民前流客留 占著以十三年案筭後 還歸本鄉與男子蔡羽
石放等相比當以詔書隨人 在所占忠叩頭死 罪死罪得閑豐徑移

简文内容是留、占、著目前是本县奇乡的乡民，以前是旅居他乡的人，因为十三年的案件审结后，回到了本乡，与男子蔡羽、石放等人是邻居，按照诏书的规定，听凭个人在所在地生活。

“仓储物资”木牍

西汉（前202—8）
长23.9、宽2.8、厚0.1厘米
益阳兔子山遗址七号井出土
湖南省文物考古研究所藏

益陽倉米粟志
見米三千二百卅四石五斗一升——
粟卅五石——
叔千石——

J7④109

“畜禽统计”木牍

西汉高后二年（前186）
长9.5、宽2、厚0.2厘米；长11.6、宽1.7、厚0.1厘米
益阳兔子山遗址七号井出土
湖南省文物考古研究所藏

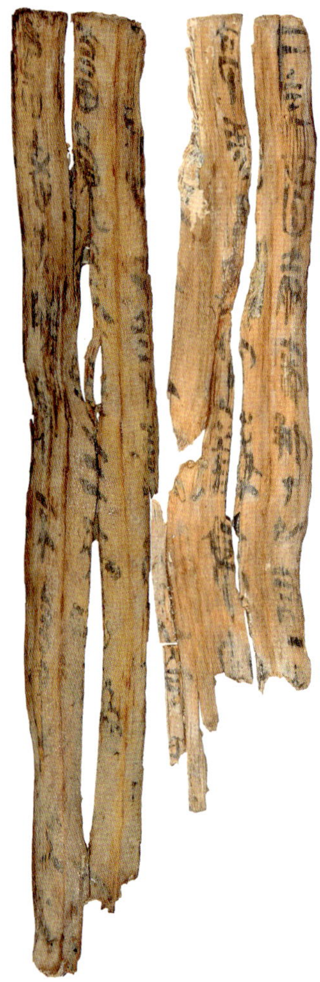

J7⑤壹131 + J7⑤壹129（正）

二年正月庚寅朔丁巳益陽⧄
亭溈陵亭蒹亭□⧄
□□□二年畜員各一牒⧄
畜員豕母三犬四雞十一□⧄
畜者九牒署不畜十牒□⧄

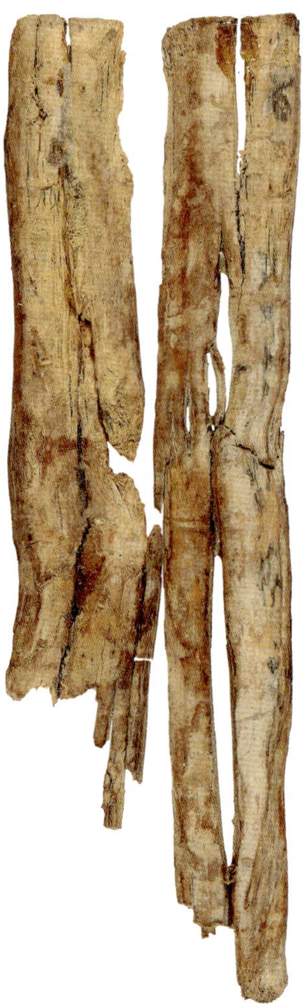

J7⑤壹131 + J7⑤壹129（背）

當報者它如律令⧄

此简记载了沩陵亭等地牲畜饲养情况。古沩陵亭在今宁乡市黄材镇炭河里一带。

“湘省锡矿”木牍

西汉惠帝五年（前190）
长20.5、宽1.7、厚0.15厘米
益阳兔子山遗址七号井出土
湖南省文物考古研究所藏

J7⑦305

五年七月庚辰朔丙申内史陽謂觀川桂〼
□便茶陵郴采錫西山昭陵泠道嗇夫□〼

“汉朝法律”木牍

西汉（前202—8）
长23.5、宽5.4、厚0.4厘米
益阳兔子山遗址七号井出土
湖南省文物考古研究所藏

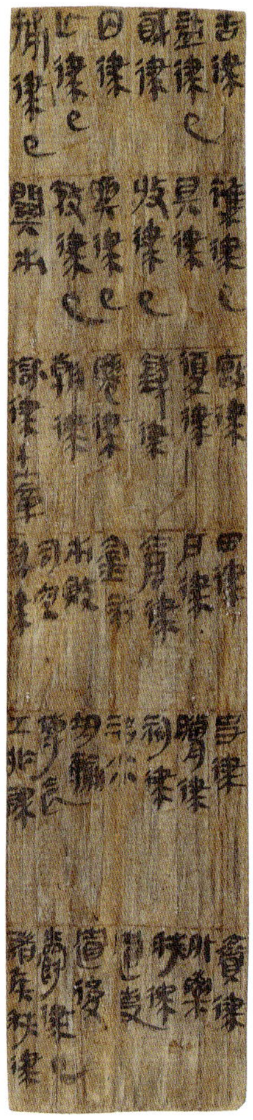

告律 盜律已 賊律 囚律 亡律已 捕律已
雜律已 具律 收律已 興律已 效律已 關市
廄律 復律 錢律 䙴律 朝律 獄律十七章
田律 户律 倉律 金布 市販 司空 繇律
史律 臘律 祠律 治水 均輸 傳食 工作課
賁律 外樂 秩律 置吏 置後 爵律已 諸矦秩律

J7⑦1 + J7⑦2（正）

傳律已 尉卒律 奔命律 行書律 葬律 賜律
旁律廿七章
·凡卌四章

J7⑦1 + J7⑦2（背）

自刘邦建立汉朝之后，中央集权统治政策基本上是全面承袭秦朝统治措施，其中法律体系律令齐备，门类划分十分细致。

“张勋贪污案”木牍

西汉元始二年(2)
长49.3、宽6.55、厚0.35厘米
益阳兔子山遗址三号井出土
湖南省文物考古研究所藏

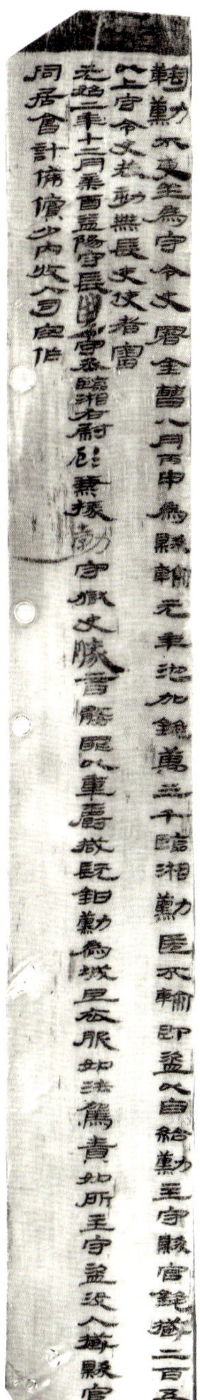

J3:1（背）

鞫勳不更坐為守令史署金曹八月丙申為縣輸元年池加錢萬三千臨湘勳匿不輸即盜以自給勳主守縣官錢臧二百五十

以上守令史恭劾無長吏使者審

元始二年十二月辛酉益陽守長豐守丞臨湘右尉顧兼掾勃守獄史勝言數罪以重爵減髡鉗勳為城旦衣服如法駕責如所主守盜没入臧縣官令及

同居會計備償少内收入司空作

鞫

J3:1（正）

这两枚司法文书简为益阳县公务人员张勋贪黩案审结记录，详细记录了承办官吏的职位、姓名，涉案人员，案件发生的时间、地点和经过，判决结果，记录者姓名等。按照规定，益阳县每年都要向长沙郡上缴钱粮，张勋却在赴长沙上缴钱粮的途中将钱粮贪污，被发现之后，因监守自盗加重处罚，钱款没收，个人拔去两鬓须发，钳上脚镣，在司空服三年劳役。这体现了汉朝政府依法办案、反腐惩贪极有力度。

“贪赃枉法案”木两行

东汉永元二年至永初五年（90—111）
长23.1、宽3厘米
长沙五一广场遗址一号井出土
长沙市文物考古研究所藏

脩种國等相賦撿沽酒受　賕請相與群飲食山徒　取其錢令丸達私市肉胃

鹽豉皆不雇直知若無任徒　寬緩令爲養私使炊讓便　處徒所不當得爲宏宮吏

361

简文内容是修、种、国等人一起征收赋税、卖酒、收受贿赂、请托说情、聚众饮酒，为山徒提供饭食以收取他们的“山钱”，让丸、达去购买肉、胃、盐、豉不付钱，知道若是无人担保的刑徒，还免除了他的刑罚，私下让他负责做饭，私下让炊在方便的地方酿酒。以上这些行为都是不合法的。

“收受贿赂案”木两行

东汉永元二年至永初五年（90—111）
长22.7、宽2.9厘米
长沙五一广场遗址一号井出土
长沙市文物考古研究所藏

官各十餘下無疻痏宮宗從　英官請弩不脫田租受周　長高等錢金自言以便去
不詣考所又長高等家皆　在陽馬亭部離散辟遠　未得訊問盛春宮□□

432

简文内容是某人打了官（邓官）十几下，无疤痕。黄宫、李宗跟从。英、官、请、弩收受周、长、高等人的贿赂。金自己说，因为某原因没有前往指定地点提供证词。另外，长、高等人的家，都在阳马亭部，比较分散、偏远，没有取证。这枚简文间接证明了当时湖南地区的人们多依山傍水居住，比较分散。

“贪污杀人案”木两行

东汉永元二年至永初五年（90—111）
长22.7、宽3厘米
长沙五一广场遗址一号井出土
长沙市文物考古研究所藏

月時米粟候誧皆受不　雇直受所監臧并二千二百　凡臧三萬三千七百案斗
俠董毒射傷人對殺人　亡後爲不知何人所殺何人　賊殺人亡輒與平法掾

667

简文大意是候与誧一起收受贿赂，不给米粟钱，接受其所监督、管治的下属吏民的财物一共二千二百钱，所获赃物赃款共计三万三千七百钱。斗携带董毒，射伤人，杀人逃亡后又被杀。

“持械伤人案”木牍

西汉元始二年（2）
长23.1、宽4.1、厚0.5厘米
益阳兔子山遗址三号出土
湖南省文物考古研究所藏

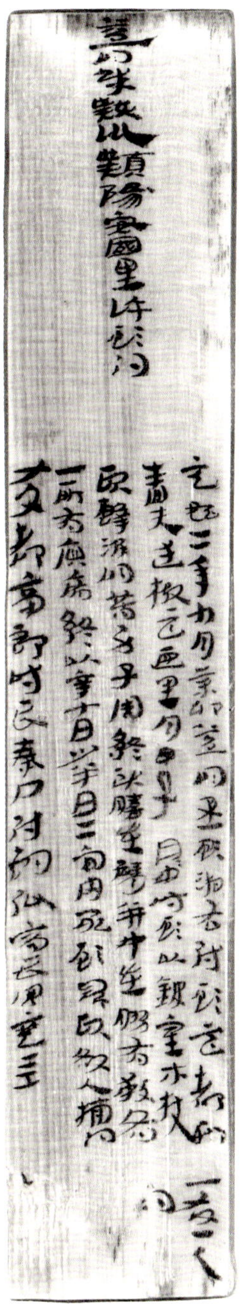

J3贰1-143

益陽賊潁川潁陽安國里許頎得

元始二年九月辛卯益陽丞頎湘右尉頎言都鄉　一發一人
嗇夫武檄言迺閏月甲子日中時頎以鈹室木杖　得
歐擊淮陽苦男子周終頭膪左臂并中左脇有□各
一所有瘨痏終以辛七日少半日二旬内死頎鬥毆殺人捕得
發都亭部時長秦卿尉胡張亭長□□主

“持械伤人案”简

西汉元始二年（2）

长23.8、宽3.3、厚0.4厘米

益阳兔子山遗址三号出土

湖南省文物考古研究所藏

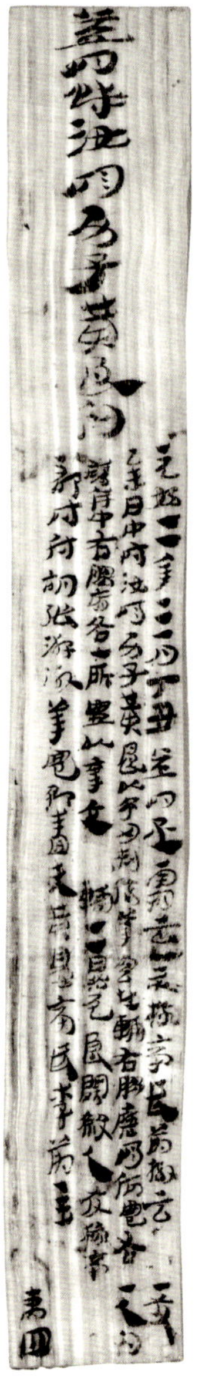

J3贰2-455

益陽賊汝陽男子黃良得

元始二年三月丁丑益陽丞霸言乙亥□亭長前㩋言　一發

乙未日中時汝陽男子黃良以矛刃刾傷□□左輔右脇磨陽何豊各　一人得

臂並中右脇痏各一所豊以辜□輔二日□死良鬥殺人發㯔亭

部時尉胡張游徼□□鄉嗇夫黃晏亭長李前主

第四

这两枚简讲述了原籍贯为河南颍川郡名叫许顾的男子、河南汝阳名叫黄良的男子持械伤人事件。此类案件间接反映了西汉晚期湖南地区相对稳定，经济繁荣，北方移民大量涌入，人口剧增，刑事案件时有发生。

“打斗伤人案”木两行

东汉永元二年至永初五年（90—111）
长23.3、宽3厘米
长沙五一广场遗址一号井出土
长沙市文物考古研究所藏

85

男子曰我窮人勿迫我掾還詳　曰何如還者下馬男子以解刀刺　詳不中詳以所有把刀斫男子
創二所男子復走五步所詳追　逐及男子還反顧蹄詳尚　持兵未彊赴詳復斫男子創二

简文内容是男子与官吏详（名）发生了打斗，动用了兵刃。男子没有伤到详，却被详砍伤了两次，伤了四处。

东汉环首长铁刀

东汉（25—220）
长104、刀刃长86、刃宽2.5、脊厚0.8厘米
株洲攸县皇图岭镇鹅形岭东汉墓群出土
株洲市博物馆藏

刀环首、短柄，刀体长条形，器身扁平，斜锋。汉代环首刀通体铁铸，其特征一是直身，二是斜锋，三是无格——主要用来劈砍，没有刺的功能，所以不用铸格来护手。因刀柄首端制成扁圆的环状得名，又称“环柄长刀”。

东汉铁刀

东汉（25—220）
长59、宽2—3.2、厚0.1—0.8厘米
株洲攸县皇图岭镇鹅形岭东汉墓群出土
株洲市博物馆藏

刀体较短，弧形背，斜尖上翘。

“以箭伤人案”木两行

东汉永元二年至永初五年（90—111）
长23.6、宽3厘米
长沙五一广场遗址一号井出土
长沙市文物考古研究所藏

614

張永也若急解李游不者　我復射若舉即將明尊　追逐永=射舉不中=明
右足踝上創一所袤廣各　五分深至骨永走入草　中時天雨寞跡絕不知

简文内容是当事人讲述案件发生的经过，自言他拿箭射若，同伴举带着明、尊去追赶张永。张永射举，没射中，射中明的右足踝，伤了一处，长宽各五分，深到骨头。张永走入草中，当时天下雨、很冷清，脚印因被雨水冲刷而找不到了。

“伤人潜逃案”木两行

东汉永初元年（107）
长23.2、宽3.3厘米
长沙五一广场遗址一号井出土
长沙市文物考古研究所藏

230（背）

東部勸農賊捕掾黄遷名印
正月　日　郵人以来　　史　白开

230（正）

永初元年正月癸酉朔廿日壬辰東　部勸農賊捕掾遷游徼尚駰　望亭長范叩頭死罪敢言之
廷書曰言男子吴輔鬬傷　弟妻麋亡逐捕有書　輔以微辨賊傷麋所犯無

简文内容提到县里发布公文说：男子吴辅因为微小争辩而与弟媳妇麋发生口角，从而伤害了麋，然后逃走。县里开具证明进行抓捕。

“抢占民女案”木两行

东汉永元二年至永初五年（90—111）
长22.8、宽2.8厘米
长沙五一广场遗址一号井出土
长沙市文物考古研究所藏

97

等證案夜斗功共摻兵擊　頓尼夜略尼以爲妻臭知情　通行給餉護踵追夜夜斫
傷尼護其時刺夜以辜立物　故夜强略人以爲妻賊傷尼不直數　罪斗助者護所殺有罪斗護各

简文内容是有人为案件作证：夜、斗、功三个人一起带着兵器，把尼打晕抢回去做老婆。臭知道这件事后还与夜往来，给他送饭。尼的亲人护急忙追赶夜，夜砍伤了尼，护刺伤了夜，夜当场伤重死亡。夜强行掠夺他人做老婆，又伤害了尼，数罪并罚。斗是从犯，护杀了人，都有罪。

“官吏伤人案”楬

东汉永元十六年（104）
长10.8、宽4.4厘米
长沙五一广场遗址一号井出土
长沙市文物考古研究所藏

左
永元十六年
十二月左倉曹

350（正）

賊
史朱宏劉宮
卒張石男子劉
得本

350（背）

简文内容是永元十六年十二月，左仓曹史朱宏、刘宫伤害卒张石和男子刘得的案件卷宗。

“酒后犯案”木两行

东汉永元二年至永初五年（90—111）
长22.7、宽2.9厘米
长沙五一广场遗址一号井出土
长沙市文物考古研究所藏

姓李不處名於語丘男子
張本直六百宮求雇百

唐豊舍飲酒令豊請
五十英不與宮其時醉

金舍客王英柘弩一
酒入金舍收金父官

433

“卷宗移交”木两行

东汉延平元年（106）
长22.8、宽2.8厘米
长沙五一广场遗址一号井出土
长沙市文物考古研究所藏

延平元年十月乙巳朔八日 壬子兼獄史封行丞事 永叩頭死罪敢言之
謹移案診男子劉郎大奴 官爲亭長董种所格殺 爰書象人一讀

123

简文内容是延平元年十月八日，兼狱史封、行丞事永向上移交被亭长董种所杀的男子刘郎和成年奴仆官的检验报告和象人。

“案件卷宗”楬

东汉永元二年至永初五年（90—111）
长13.8、宽3.5厘米
长沙五一广场遗址一号井出土
长沙市文物考古研究所藏

謝壽本事在此中

70（背）

謝壽本事在此中

70（正）

简文内容是记载谢寿案件的卷宗在这里。

“检讨书”木牍

东汉建宁四年至中平三年（171—186）
长23.5、宽3.4厘米
长沙东牌楼遗址七号井出土
长沙市文物考古研究所藏

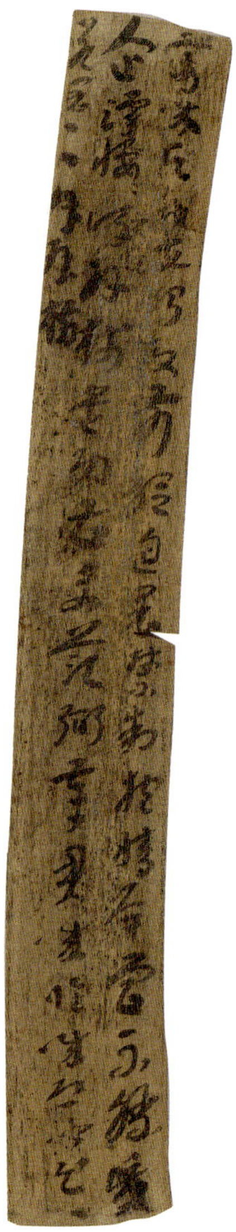

□誠輿洽收前促迫□禁制抱情屏營不勝□
企□凄得詔□遣功曹史范弼奉君誠惶誠恐叩=頭=
死=罪=再拜□

48（背）

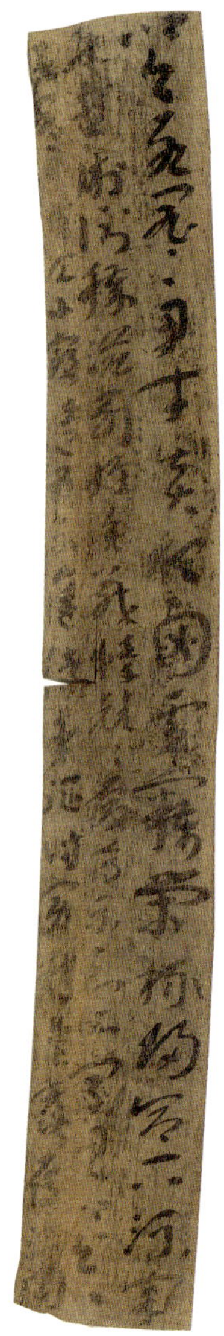

叩頭死=罪=𦫼才質粗鹵虛竊榮祿歸命下流寄
樂智術污穢滋列惶□戰悸兢=覆命不知上聞君叩=頭=
死=罪=□□小寇造（？）爲不庭侍者征討□□□露（？）□□

48（正）

这封信的写信人名叫君，说自己才能低下，白白浪费了国家的资源，感到非常惶恐，小规模贼寇造成叛逆事件，侍者征讨贼寇，委派功曹史范弼前去协助。

“职务接替”木两行

东汉永元二年至永初五年（90—111）
长23.2、宽3厘米
长沙五一广场遗址一号井出土
长沙市文物考古研究所藏

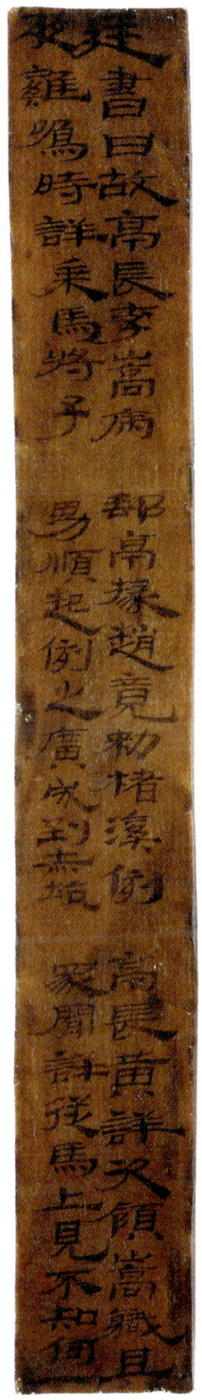

359

廷書曰故亭長李嵩病　郵亭掾趙竟勑楮溪例　亭長黃詳次領嵩職其
夜雞鳴時詳乘馬將子　男順起例之廣成到赤坑　冢閒詳從馬上見不知何一

县里公文说上一任亭长李嵩生病了。邮亭掾赵竟通知楮溪集市亭长黄详按照次序接替嵩的职务。

“政绩考核”木两行

东汉永元二年至永初五年（90—111）
长23.2、宽2.9厘米
长沙五一广场遗址一号井出土
长沙市文物考古研究所藏

異正處言遷尚熊職事無狀惶恐叩頭死罪死罪敢言之
六月十一日

577

“职事无状”，大意是任职期间没有功绩。遷、尚、熊应该是三位基层官吏之名。根据上下文估计是属于答谢政府升迁时常用的谦辞。

“秋季考核”楬

东汉永元二年至永初五年（90—111）
长13.6、宽4.3厘米
长沙五一广场遗址一号井出土
长沙市文物考古研究所藏

宗本事秋考
實

418（背）

丈田史黄宫李

418（正）

简文内容是丈田史黄宫、李宗二人秋季考核情况属实。战国秦汉时期都实行上计制度，各属县要在每年“秋冬集课，上计于所属郡国”。县级上计簿是郡守考核属县（令）长的重要依据。汉代每年年终举行一次考核叫常课，每三年还会进行一次考核，称为大课。郡国守相上承中央考核，下则考核管辖属县。各级官吏都要在秋冬之际汇报自己的工作业绩，根据考核情况决定官吏任用是否称职，或升或降，或赏或罚。

"勤于政务"木牍

东汉建宁四年至中平三年（171—186）
长24.8、宽3.6厘米
长沙东牌楼遗址七号井出土
长沙市文物考古研究所藏

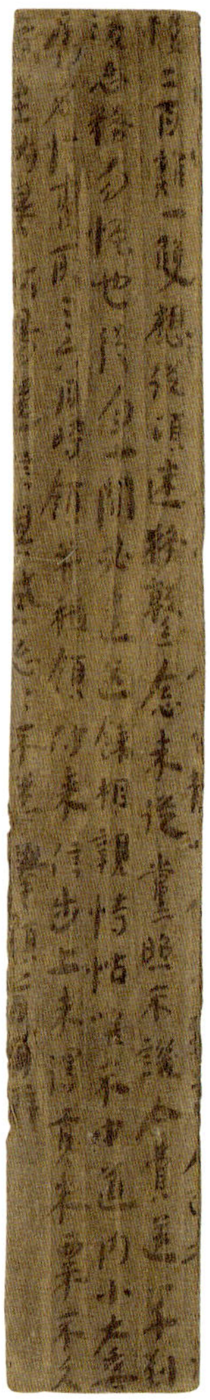

禮二百雞一雙想達從頃迷務繫念未從黨照不識今費送一千到
後忩務勿怪也後月十閒必遣送餘相親侍怙唯不中道內小大委
屬各於曹取之六月時領並秖領付來信步上未得貢米粟不久
將至內異何易還信具戒忩=不悉舉頓首再拜

36（背）

大恩□□□□□□□□□□□□□□□馬駒
月卅五日舉頓首言
駕意屬=
掾□□侍前煩務朝夕起居寺舍夫人自康幸=甚=善不忽
□□□□□□□□白占□前得尔□相□□仍以非同罷促資費

36（正）

简文内容是一位官员给自己妻子的一封家信，大概是说我近来公务繁忙，食宿都在官府，夫人自己恢复健康了，非常庆幸，现在带去礼金二百钱、两只鸡等等。你不要牵挂我，现在只能先寄过去一千钱，请不要见怪。下个月中旬，一定把不足的钱寄过去。服侍父母，唯恐有失。家里所需各种物资，可六月到官府获取，没有拿到的贡粮不久也会到了。

独尊儒术 文教日盛

秦始皇焚书坑儒时颁行了一项“敢有挟书者族”的法令，称为《挟书律》。西汉初年沿用此令，至惠帝四年（前191）废除。武帝独尊儒术，于元朔五年(前124)命令丞相公孙弘广开献书之路，向民间征集私藏之书，国家藏书大量增加，图籍“积如丘山”。从益阳兔子山出土的汉简来看，湖南地区也出现了响应政府号召积极献书、人心向学之风。儒学教育的推广，对教化民众、移风易俗起到了巨大的推动作用。

“献书”简

汉（前202—220）
长22.8、宽2.8、厚0.1厘米
益阳兔子山遗址七号井出土
湖南省文物考古研究所藏

僕過敬至令陳公侍馬足下者府付尉
賤走僕啟敬再拜獻書若侍

J7④4

“献书”简

汉（前202—220）

长22.5、宽1.5、厚0.1厘米；长23.1、宽1.4、厚0.1厘米

益阳兔子山遗址七号井出土

湖南省文物考古研究所藏

☒也敬再拜道之

J7④30 + J7④43（背）

☒□亥敬再拜獻書多問公孫佩毋恙秋時不利御前者得毋有所不安六□□□□夫□獻書□□僕願以身□

君且受□□丞主=□方□□不得乚僕有非敢上書君也願王孫□公孫佩□獲之因敢言道之過□再拜多問兩公孫

J7④30 + J7④43（正）

“献书”简

汉（前202—220）
长14.4、宽2、厚0.2厘米
益阳兔子山遗址七号井出土
湖南省文物考古研究所藏

敬再拜獻書　鄭
夏公黃車御者　書

J7⑧1

“学童”简

汉（前202—220）
长22、宽2.6、厚0.1厘米
益阳兔子山遗址七号井出土
湖南省文物考古研究所藏

益陽學童成里

J7④3

汉朝教育系统示意图

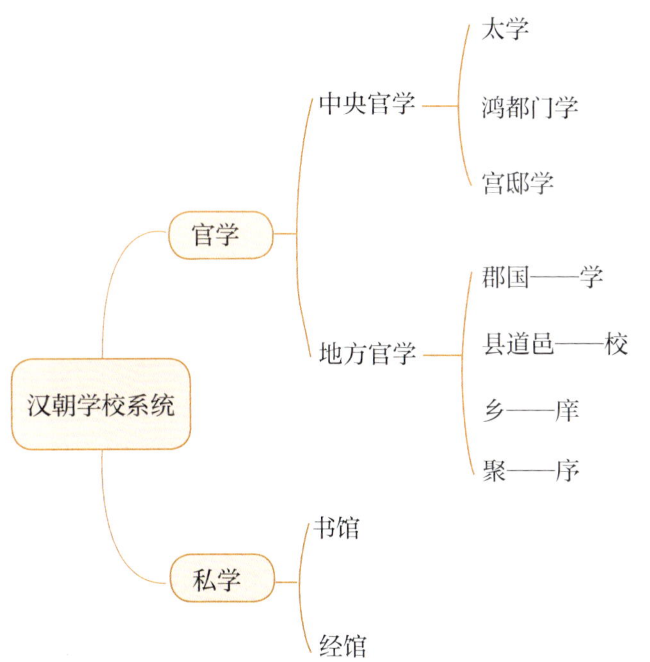

汉朝教育以儒家五经为主，重视忠孝伦理。为了统一教材，东汉时于石碑上镌刻《尚书》《周易》《春秋公羊传》《礼记》《论语》等，史称“熹平石经”。郡国教育活动主要是传授经学和实施教化，培养通晓儒家经典的郡县属吏。私学分为以识学为主的启蒙教育，以学《孝经》《论语》为主的初习经书教育，以及以研习五经为主的专经教育。

“学童”简

汉（前202—220）
长18.6、宽2、厚0.1厘米
益阳兔子山遗址七号井出土
湖南省文物考古研究所藏

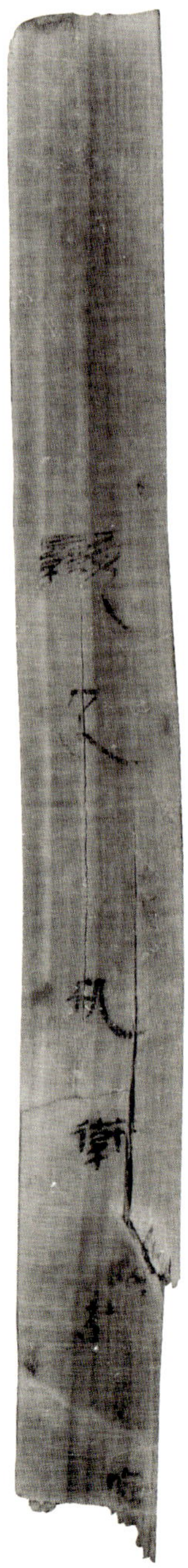

顯乙　机衛□□▨

J7①107（背）

益陽學童熊　□▨

J7①107（正）

“九九表（乘法口诀）”简

汉（前202—220）
长1.9、宽1.8、厚0.2厘米；长13.5、宽2.3、厚0.2厘米；长3.8、宽2.3、厚0.2厘米
益阳兔子山遗址七号井出土
湖南省文物考古研究所藏

二=而四
一=而二
二半而一

J7⑤壹328 + J7⑤贰27 + 741（背）

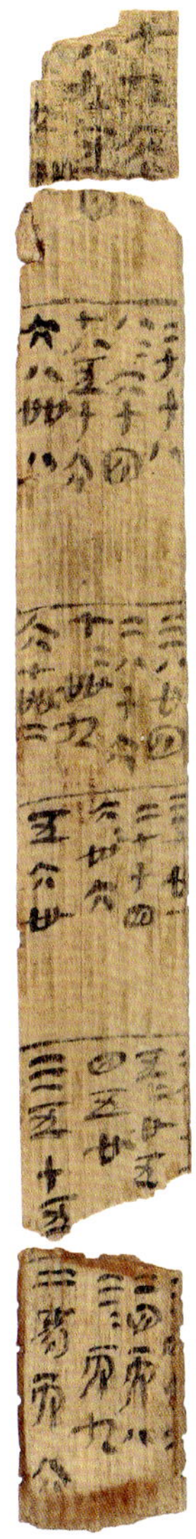

七九六十三
六九五十四
五九卌五

二九十八
八=六十四
七八五十六
六八卌八

三八廿四
二八十六
七=卌九
六七卌二

三七廿一
二七十四
六=卌六
五六卅

二六十二
五=廿五
四五廿
三五十五

三四十二
二四而八
三=而九
二叁而六

J7⑤壹328 + J7⑤贰27 + 741（正）

“九九表”乘法口诀是儿童启蒙必背的数字运算基本工具。文献记载可知中国使用“九九口诀”的时间较早在西周就已经开始流行，它是从“九九八十一”开始。大约到13世纪的时候才倒过来，形成现在“一一得一，……九九八十一”的口诀。

“九九表（乘法口诀）”简

汉（前202—220）
长5.2、宽3.5、厚0.1厘米
益阳兔子山遗址七号井出土
湖南省文物考古研究所藏

九=八十一 ⧄
八九七十二 ⧄
七九 ⧄

J7④13

男耕女织 休养生息

西汉初期为了尽快巩固政权与社会发展，重农抑商，推行“与民休息”、轻徭薄赋的政策，全国各地人们开始了稳定的“男耕女织”的小农生活。两汉统治的四百年大部分属于社会稳定时期，包括湖南在内的南方地区经济得到全面的开发，人口大量增长，农业、手工业、商贸都得到了前所未有的发展。

“男耕女织”木两行

东汉永元二年至永初五年（90—111）
长23.2、宽3厘米
长沙五一广场遗址一号井出土
长沙市文物考古研究所藏

廣亭部董上丘旦橋丘與男子烝願雷勒相比近知習輔農以田作莫旦績紡爲

事普以吏次署獄掾董良家子給事縣備獄書佐不處年中良給事縣永初元

126

从简文内容可以知道，广亭部的辅、农是耕田、从事纺织的人。“莫”通“暮”，“莫旦”指早上和晚上。

“纺织”木两行

东汉永初元年至五年（107—111）
长23.4、宽3厘米
长沙五一广场遗址一号井出土
长沙市文物考古研究所藏

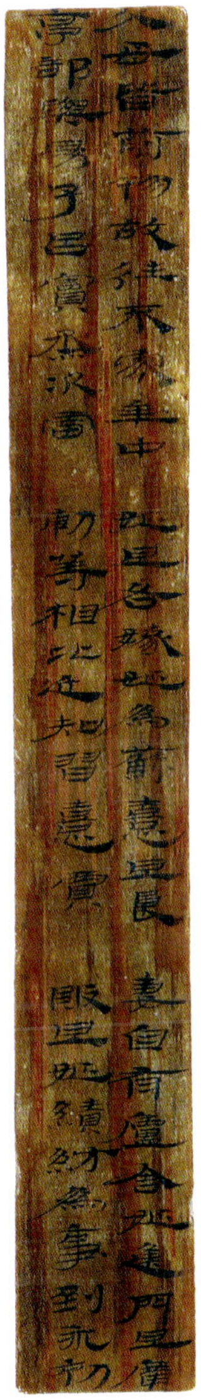

父母皆前物故往不處年中　姬旦各嫁姬爲蘇憙旦良　妻自有廬舍姬逢門旦廣

亭部與男子吕賔烝次雷　勅等相比近知習憙賈　販旦姬績紡爲事到永初

348

简文内容提到姬和旦各自嫁为人妻。姬嫁给了苏憙，苏憙是做小买卖的；旦嫁给了良，自己有房屋。结婚后旦和姬主要在家从事纺织。

“烤鱼售卖”木两行

东汉永元二年至永初五年（90—111）
长23.6、宽3厘米
长沙五一广场遗址一号井出土
长沙市文物考古研究所藏

郭亭部市不處姓名男子鮮魚以作炙今年正月不處日持隨漻溪水上解止徐
舍賣得米卌四斛三月不處日持米下於橫溪糶盡餘米五十斛在徐舍馮立

91

简文提到郭亭部市场上有个不知道姓名的男子制作烤鱼。今年正月的某一天，他顺着漻溪水往上游，在一个叫徐的人家里休息，卖烤鱼换得四十四斛米。三月的某一天，又带着米去了横溪下游，卖光了剩下的五十斛米。

书信木两行

东汉永元二年至永初五年（90—111）

长23.8、宽3.1厘米

长沙五一广场遗址一号井出土

长沙市文物考古研究所藏

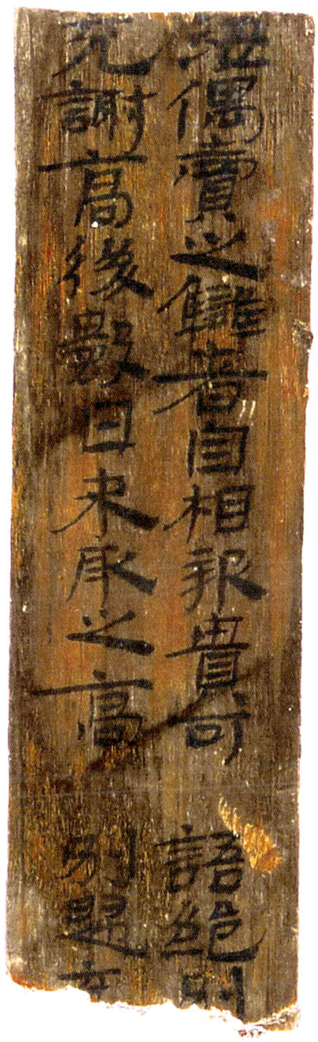

汝偶賣之雠者自相報貴可　語絶别☐

充謝高後數日来取之高　别歸充☐

226

简文内容是：你（的货物）成对出售，付钱的人相互交流，道别。几天之后充县人谢、高来取走，高回充县。

乳钉四足虫纹铜釜

汉（前202—220）
长沙博物馆藏

侈口、鼓腹、弧形底。通体绿锈。肩部饰有三周弦纹，弦纹下饰有四方对应的四枚乳钉。近乳钉处有一四足虫纹。

盘口铜釜

汉（前202—220）
长沙博物馆藏

口呈圆盘状，有立耳。直颈、鼓腹，腹部饰有三道弦纹，弧形底。

弦纹大铜锅

汉（前202—220）
长沙博物馆藏

大敞口，口两端有立耳。直腹略收，底部微弧。腹部饰有三道弦纹。通体绿锈。

双铺首兽足铜镈

东汉（25—220）
长沙市人民路省地质中学3号墓出土
长沙博物馆藏

子母口，弧形盖，盖顶带一捉手。直腹，三矮兽足。腹部上方和下方均饰有三周弦纹，器身两侧带兽面衔环。

杵臼

西汉（前202—8）
长沙市袁家岭新华书店5号墓出土
长沙博物馆藏

臼侈口外翻，肩部有一道凸弦纹，喇叭形高圈足，器壁较厚。杵呈柱形。通体粉绿锈，锈蚀严重。

青瓷四系罐

东汉（25—220）
益阳兔子山遗址出土
湖南省文物考古研究所藏

陶钵

汉（前202—220）
益阳兔子山遗址出土
湖南省文物考古研究所藏

宽弦纹带盖铜壶

西汉（前202—8）
1980年长沙市杜家坡微波总站出土
长沙博物馆藏

直口微喇，盖微凸带捉手衔环。圆腹圈足，腹部有数道凸弦纹装饰，两侧有兽面衔环。

鸡首铜锜

东汉（25—220）
长沙博物馆藏

直口，带盖。圆腹，腹中部有凸出分栏，带横柄，有三兽足。盖及腹部均饰有弦纹。口流为鸡首状，形态栩栩如生。

青釉弦纹双系瓷壶

西汉（前202—8）
1981年长沙市袁家岭省煤炭局2号墓出土
长沙博物馆藏

水器或酒器。喇叭口，束颈，溜肩，鼓腹，腹部下方斜收至底，矮足内凹，壶肩部对称有两环形系，系两端器身各有一周弦纹。口沿、肩部及上腹部施青釉，胎质紧密。

瑞兽纹细颈铜瓶

东汉（25—220）
1978年长沙市丝茅冲出土
长沙博物馆藏

直口、细长颈，口部装饰有三角纹，颈部、肩腹部及下腹部均饰有细线瑞兽纹，颈部以雷纹隔开，腹部以粗弦纹隔开。圈足，足部亦装饰有三角纹及网格纹。

几何纹滑石博山炉

西汉（前202—8）
1979年长沙市电力中心研究所4号墓出土
长沙博物馆藏

炉体呈青铜器中的豆形，上有盖，盖高而尖，镂空，呈山形，山形重叠，其间雕有云气纹、人物及鸟兽。于炉中焚香，轻烟飘出，缭绕炉体，自然造成群山朦胧、众兽浮动的效果，仿佛传说中的海上仙山“博山”。

绿釉豆形陶灯

东汉（25—220）
1976年长沙市乒乓球厂1号墓出土
长沙博物馆藏

陶灯呈豆形，盘口，口壁较高且向下内收，灯柱空心，底部外撇，足较高，灯柱上部有一周凸棱，通体施绿釉。

“乐如侯王”四神博局纹铜镜

东汉（25—220）
长沙博物馆藏

圆钮，柿蒂纹方钮座。博局纹将主纹区分为四方八区，每区饰乳钉一枚，其间分别配以四神以及鹿、凤鸟等纹样。外区有铭文：“乐如侯王，作佳镜哉，真大好，上有仙人不知老，浮游天下敖四海。”铭文带外围以栉齿纹及三角锯齿纹带装饰。镜缘饰云气纹，如剪纸状，镜面平坦，尚有部分银色光泽。

绿釉陶猪

东汉（25—220）
1976年长沙市乒乓球厂1号墓出土
长沙博物馆藏

陶猪作站立状，脊背突出，鬃毛竖起，双耳捏塑而成，耸立前伸，圆眼粗嘴，吻部突出，嘴微张，无獠牙，四肢粗短，体态肥硕，简单刻画，形态逼真。汉代政府积极督劝农民养猪，“蓄猪以至富”，可以发展经济、改善民生。以陶猪、狗、鸡等陪葬，寓意六畜兴旺，也间接反映了汉代社会富足兴旺的盛况。

绿釉陶狗

东汉（25—220）
1980年长沙市省水利电力厅10号墓出土
长沙博物馆藏

陶狗通体施绿釉，头部微微向上，口张开，两眼圆睁，双耳竖立，四腿笔直站立，整器似陶狗守在主人旁边等待主人投食状。虽然器形简洁，没有过多复杂装饰，但给人一种憨态可掬、生动自如的感觉。

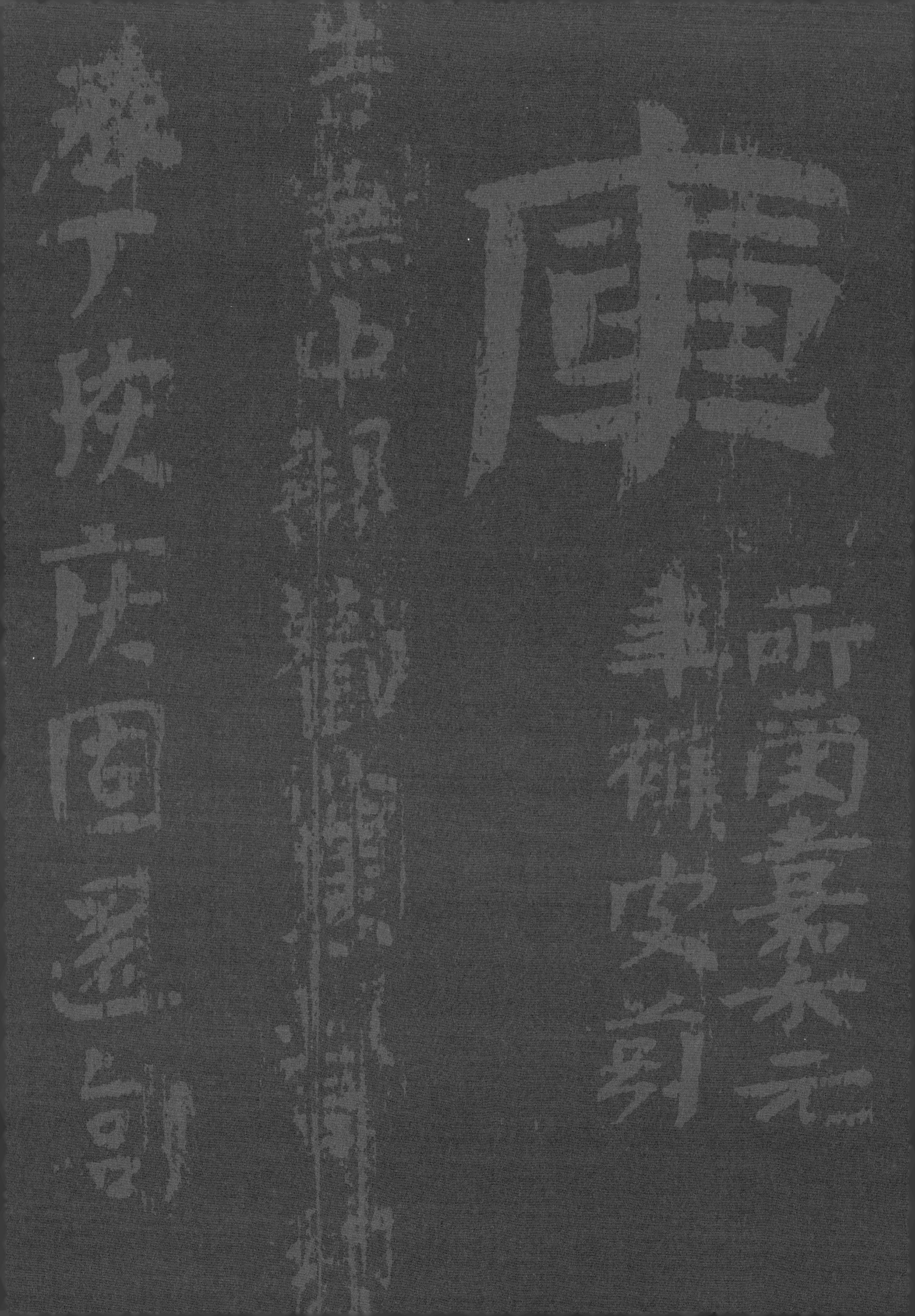

第三单元
孙吴·湖湘全境得开发

PART 3 COMPREHENSIVE DEVELOPMENT OF THE HUNAN REGION
THREE KINGDOMS PERIOD (220 AD – 280 AD)

孙吴统一湖南全境后，在相对稳定的数十年里，孙权等统治者大力加强了对东吴地区的治理与开发。随北方人南下，大量先进生产技术不断流入，湖南地区迎来大发展。长沙地区发现的十余万枚走马楼吴简，极大丰富了三国时期的史料，为我们了解三国时期孙吴对湖南地区的管理与开发打开了一扇真实、清晰的视窗。

After the Wu regime unified Hunan, the rulers governed and developed the East Wu region further in those relatively stable decades. The regions south of the Yangtze River, including Hunan, embraced a leap especially due to the advanced production technique brought by the people from north. Over 100,000 pieces of bamboo slips of the Wu regime excavated from Zoumalou enriched the historical documents from the Three Kingdoms period greatly and provided a valuable opportunity for us to get to know the governance and development of Hunan region under the Wu regime during this period.

称帝武昌 坐拥江东

220年曹丕称帝，国号“魏”，次年刘备称帝，国号“汉”。坐拥江东诸郡的吴王孙权于229年在湖北鄂县（今鄂州）称帝，取“以武而昌”之义，改为武昌，建立武昌宫，国号“吴”。至此，三国鼎立局面正式形成。同年九月迁都建业（今江苏南京）后，大将陆逊辅佐太子孙登等留守武昌。

“武昌宫”简

吴（222—280）
长14.6、宽1.3、厚0.11厘米
长沙走马楼出土
长沙简牍博物馆藏

□君唯代還宮丞丁□疢固不視事

34010

“武昌宫”简

吴（222—280）
长16.7、宽1.5、厚0.09厘米
长沙走马楼出土
长沙简牍博物馆藏

⧄丞丁恢疢固還宮

35518

“武昌宫”简

吴（222—280）
长23.8、宽1.3、厚0.11厘米
长沙走马楼出土
长沙简牍博物馆藏

無有名籍今條年紀如牒部吏命送詣宮言君叩頭叩頭死罪死罪案文書

34549

“督邮”简

吴（222—280）
长23.4、宽1.2、厚0.11厘米
长沙走马楼出土
长沙简牍博物馆藏

官告兼中部勸農督郵書掾王偉□系

33585

"督邮"简

吴（222—280）
长23.6、宽1、厚0.08厘米
长沙走马楼出土
长沙简牍博物馆藏

彭政等承督郵潘□所□簿言畢料校

31287

"督邮"简

吴（222—280）
长21.2、宽0.9、厚0.07厘米
长沙走马楼出土
长沙简牍博物馆藏

□告主□罣化中部督郵書掾□異（？）記言料核臨湘告

31242

“督邮”简

吴（222—280）
长14.2、宽1.5、厚0.08厘米
长沙走马楼出土
长沙简牍博物馆藏

31256

入小武陵鄉佃卒限米二斛胄畢☒嘉禾元年十一月十五日余元丘烝勤付三州倉吏谷漢受

督邮，始置于西汉中期，郡守属吏，督邮书掾、督邮曹掾简称督邮。两汉时位轻权重，凡传达教令、督察属吏、案验刑狱、检核非法等，无所不管。每当政治、军事形势紧张时，督邮所在监察区地位就会升级。公元219年，孙权夺取荆州时吴蜀两国关系恶化，战事较多，孙权就增设了东、西、南、北、中五部督邮。

三国青瓷牛车

吴（222—280）
益阳梓山湖孙吴墓出土
湖南省文物考古研究所藏

三国小陶马

吴（222—280）
益阳梓山湖孙吴墓出土
湖南省文物考古研究所藏

三国小陶人物俑

吴（222—280）
益阳梓山湖孙吴墓出土
湖南省文物考古研究所藏

三国小陶人物俑

吴（222—280）
益阳梓山湖孙吴墓出土
湖南省文物考古研究所藏

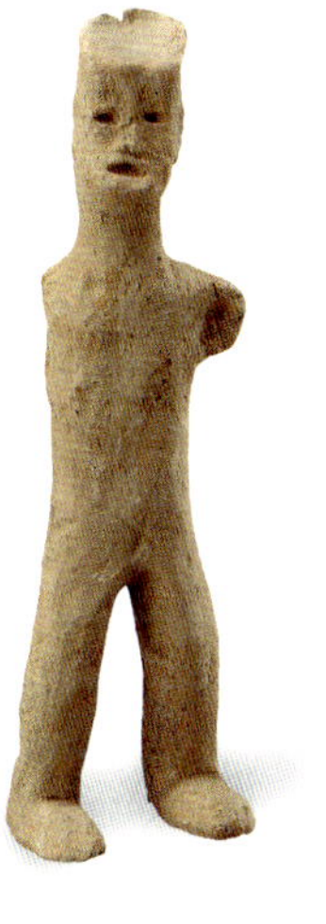

三国小陶人物俑

吴（222—280）
益阳梓山湖孙吴墓出土
湖南省文物考古研究所藏

三国小陶人物俑

吴（222—280）
益阳梓山湖孙吴墓出土
湖南省文物考古研究所藏

三国小陶人物俑

吴（222—280）
益阳梓山湖孙吴墓出土
湖南省文物考古研究所藏

三国小陶人物俑

吴（222—280）
益阳梓山湖孙吴墓出土
湖南省文物考古研究所藏

三国小陶人物俑

吴（222—280）
益阳梓山湖孙吴墓出土
湖南省文物考古研究所藏

规范政务 公允司法

吴简中出现了大量官吏职务名称，且常附有其管理的官吏姓名，尤以职务较低、负责具体事务办理的小吏姓名为多。由此可见，孙吴政权行政管理十分成熟，所有政务落实到人，便于管理与后期核查，可以起到监察各级官吏认真治理地方、管理好地方的作用。对于司法案件处理更是要求依法公平办理，程序规范，保证不出现冤假错案。这样做的目的就是为了稳定民心，维护正常有序的社会秩序。

“已刺”木牍

吴（222—280）
长24.3、宽4.1、厚0.4厘米
长沙走马楼出土
长沙简牍博物馆藏

已刺

总068389（背）

君教　丞　如掾期會掾烝若錄事掾谷水校
主簿　省　嘉禾三年五月十五日白二年閏月所言府衆期草刺白事

总068389（正）

君教简是县政务处理完毕后的记录，作为摘要呈侯相批示。该文书“君教”开头，以“校”结束，“君”指郡太守，属审查期会类文书。背面批注“已刺”，表明对文书提到的事情已经验证审核。

“物资发放”简

吴（222—280）
长19.6、宽0.8、厚0.1厘米
长沙走马楼出土
长沙简牍博物馆藏

冬賜布一匹　☰嘉禾元年七月十七日關丞祁付庫吏殷　一匹　連受

30811

“粮食转运”简

吴（222—280）
长19.8、宽0.7、厚0.07厘米
长沙走马楼出土
长沙简牍博物馆藏

□其二斛五斗付州中倉吏李金

31094

“仓库清单”木牍

吴（222—280）
长24.5、宽3.2、厚0.6厘米
长沙走马楼出土
长沙简牍博物馆藏

总068245

鐵釜一口　繒一張
鐵歷一口　此物已出當入當白還之
銅鎾一口
銅馬鍑一口　·右吏張惕家物五種見右庫　六月廿一日庫吏殷連白

该简为临湘县右库的物品清单，详细登记五种实物的库存状况，以及由谁负责保管。“此物已出当入当白还之”为批文，用以说明某一件物品已经归还入库。这说明官府对所有物资的出入管理均有详细登记，以备查验。

"杂皮入库"签牌

吴嘉禾三年（234）
长8、宽4.1、厚0.8厘米
长沙走马楼出土
长沙简牍博物馆藏

庫

吏殷连起嘉
禾元年七月讫
三年三月卅日

总068444（正）

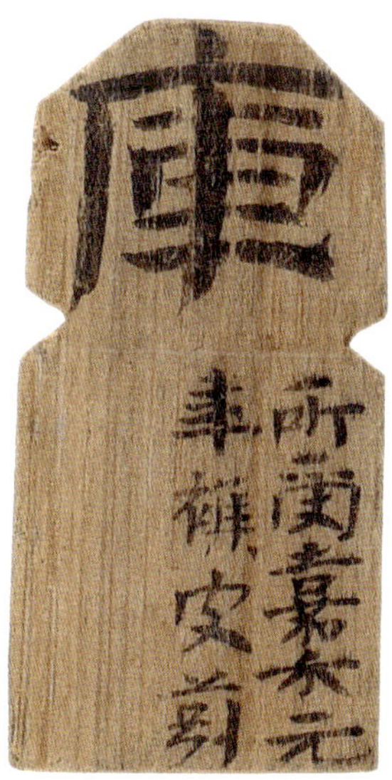

庫

所受嘉禾元
年襍皮莂

总068444（背）

签牌，起标识作用。目的在于标记其下诸简为库吏殷连从嘉禾元年（232）七月到三年（234）三月三十日接收吏民交付杂皮的详细记录。

“许迪案”简

吴（222—280）
长19.5、宽1.4、厚0.09厘米
长沙走马楼出土
长沙简牍博物馆藏

☐……潘琬等考實責鹽吏許迪敢言付

33775

“许迪案”简

吴（222—280）
长24、宽1.2、厚0.09厘米
长沙走马楼出土
长沙简牍博物馆藏

☐許迪訟愬言見誣注□往事□審拄入長

33792

简文记载了潘琬等官吏奉督邮之命对许迪贪污案件进行审核的情况。临湘侯国为此组织了一个“专案组”进行严格的调查审理。为了避免造成冤假错案，他们在案件审理过程中不许使用严刑逼供。审讯结束后，结果需要逐层上报，由长沙郡丞与太守最后审定，反映出孙吴司法制度之严明。

户籍明晰 统计翔实

东汉末期军阀割据、战乱不断，社会秩序破坏，人口锐减，经济衰退，大量农地荒废。孙吴政权大力招抚北方南下的流民，强制原来住在山区的越人出山务农、当兵，人口增殖很快。

户籍简

吴（222—280）
长23.2、宽0.6、厚0.05厘米
长沙走马楼出土
长沙简牍博物馆藏

銀妻仨年廿四

038823

户籍简

吴（222—280）
长24.1、宽0.7、厚0.08厘米
长沙走马楼出土
长沙简牍博物馆藏

嘉禾五年緒中里户人公乘常天年七十二踵兩足

038824

户籍简

吴（222—280）
长23.0、宽0.6、厚0.08厘米
长沙走马楼出土
长沙简牍博物馆藏

小妻謙年廿八

038825

户籍简

吴（222—280）
长23.3、宽0.9、厚0.08厘米
长沙走马楼出土
长沙简牍博物馆藏

嘉禾五年緒中里户人公乘李惉年卅二筭一

038826

户籍简

吴（222—280）
长23.7、宽0.6、厚0.08厘米
长沙走马楼出土
长沙简牍博物馆藏

元妻大女念年卅四筭一

038827

户籍简

吴（222—280）
长23.2、宽0.5、厚0.05厘米
长沙走马楼出土
长沙简牍博物馆藏

□女弟了年四歲

038828

户籍简

吴（222—280）
长23.5、宽0.5、厚0.05厘米
长沙走马楼出土
长沙简牍博物馆藏

乘從男弟養年八歲

038829

户籍简

吴（222—280）
长23.4、宽0.6、厚0.04厘米
长沙走马楼出土
长沙简牍博物馆藏

□隹從弟念年十三

038830

户籍简

吴（222—280）
长23.2、宽0.6、厚0.05厘米
长沙走马楼出土
长沙简牍博物馆藏

□寡嫂徐年八十一

038833

户籍简

吴（222—280）
长23.3、宽0.7、厚0.05厘米
长沙走马楼出土
长沙简牍博物馆藏

曼妻函（？）年廿八筭一

038834

户籍简

吴（222—280）

长23.0、宽0.7、厚0.05厘米

长沙走马楼出土

长沙简牍博物馆藏

曼溲里户人公乘□□年六十筭一

038850

户籍简

吴（222—280）

长23.2、宽0.6、厚0.08厘米

长沙走马楼出土

长沙简牍博物馆藏

汪男弟□□四歲

038851

户籍简

吴（222—280）
长22.7、宽0.6、厚0.08厘米
长沙走马楼出土
长沙简牍博物馆藏

□子男□年二歲

038852

户籍简

吴（222—280）
长22.8、宽0.6、厚0.08厘米
长沙走马楼出土
长沙简牍博物馆藏

妻有年卅三筭[一]

038853

户籍简

吴（222—280）
长23.2、宽0.8、厚0.1厘米
长沙走马楼出土
长沙简牍博物馆藏

嘉禾五年緒中里户人公乘李南（？）年六十腹心病

038854

户籍简

吴（222—280）
长22.8、宽0.6、厚0.05厘米
长沙走马楼出土
长沙简牍博物馆藏

□子女□年六歳苦□□病

038855

户籍简

吴（222—280）
长23.4、宽0.8、厚0.08厘米
长沙走马楼出土
长沙简牍博物馆藏

妻大女倡□年[丗]一筭一

038858

户籍简

吴（222—280）
长23.2、宽0.9、厚0.08厘米
长沙走马楼出土
长沙简牍博物馆藏

[妻][思]年廿五筭一

038859

户籍简

吴（222—280）
长23.5、宽0.6、厚0.05厘米
长沙走马楼出土
长沙简牍博物馆藏

□□女口年十二

038861

户籍简

吴（222—280）
长21.8、宽0.6、厚0.08厘米
长沙走马楼出土
长沙简牍博物馆藏

·右力（？）家口食□人

038862

以上简牍均为走马楼吴简户籍简。户口籍簿通常以里为单位登记户主及妻子、子女或父母的姓名、年龄、疾病等情况，奴婢附于户下，记名字、身高，每户有一简作户口合计的户计简。再将每里汇总成一乡的户口籍簿。其标题简通常如“广成乡谨列嘉禾六年吏民人名年纪口食为簿”，以吏民的人名、年纪、口食统计为主要事项。

以农为本 开发江南

孙吴地处江南，经济起步较晚，北方人民大量南迁，带来先进生产技术和劳动力。孙权称帝后设置农官，实行屯田制，多用牛耕，耕作技术也较先进，还多次减免赋税，农业获得迅速发展。同时造船业、手工业及商业等也有了长足进步。孙权将江南的广大地区由蛮荒之地变成了富庶之乡，江南空前繁荣，孙吴国力大增，成为三国鼎立时期存在时间最长的政权。

“嘉禾吏民田家莂”简

吴（222—280）
长48.1、宽3、厚0.2厘米
长沙走马楼出土
长沙简牍博物馆藏

总29606

☰✕弦丘州卒毛碩佃田十二町凡卅八畝皆二年常限
其廿九畝旱不收布
定收九畝為米十斛八斗畝收布二尺 凡為布一丈八尺准入米一斛八升五年十一月十日付倉吏張曼周棟
其米十斛八斗五年十二月十日付倉吏張曼周棟
其旱田不收錢
其熟田收錢八十 凡為錢七百廿五年
十二月廿日付庫吏潘有畢
嘉禾六年二月廿日田户曹史張 惕趙 野校

嘉禾吏民田家莂主要记录了孙吴嘉禾四、五年间，田家所佃土地的数量、时限，按规定的数额、时间向官府交纳和除免的租米、租布、税钱以及官吏收缴、校核的情况，属赋税材料。其形制比较特殊：木简，一般长约50厘米左右，宽约3至4厘米。每简容字少则数十，多则267。从固字编绳的契口与残留的编绳痕迹看，木简原有两编绳，写好后编联成册。木简顶端均有用墨书写的“同”字或描画的与“同”具有同等意义的符号。

“嘉禾吏民田家莂”简

吴（222—280）
长48.9、宽3、厚0.6厘米
长沙走马楼出土
长沙简牍博物馆藏

总029624

☰於上丘郡卒謝善佃田八町凡十九一百廿步皆二年常限
其五畝一百廿步旱不收布　其旱畝不收錢
定收十四畝為米十六斛八斗畝收布二尺　凡為布二丈八尺准入米一斛六斗八升五年十一月五日付倉吏張曼周棟畢　其熟田畝收錢八十　凡為錢一千一百廿准入米八斗六升
其米十六斛八斗五年十一月三日付倉吏張曼周棟畢　五年十二月四日付倉吏張
曼周棟畢嘉禾六年二月廿日田户曹史張
惕趙　野校

“嘉禾吏民田家莂”简

吴（222—280）

长48.3、宽2.6、厚0.3厘米

长沙走马楼出土

长沙简牍博物馆藏

总029615

⊠夢丘縣吏唐敢佃田五町凡卅三畝皆二年常限

其廿三畝旱不收布

定收十畝為米十二斛畝收布二尺　凡為布二丈准入米一斛二斗五年十一月廿三日付倉吏張曼周棟

其米十二斛五年十一月廿三日付倉吏張曼周棟

其旱田不收錢

其熟田畝收錢八十　凡為錢八百付庫吏潘有畢

嘉禾六年二月廿日田户曹史張　惕趙　野校

“嘉禾吏民田家莂”简

吴（222—280）
长49.5、宽3.7、厚0.5厘米
长沙走马楼出土
长沙简牍博物馆藏

总029485

□胡萇丘男子廖郅佃田六町凡八畝皆二年常限
其一畝旱不收布
定收七畝為米八斛四斗畝收布二尺　凡為布一丈四尺五年十二月九日付庫吏潘有
其米八斛四斗五年十二月七日付倉吏張曼周棟畢
其旱田不收錢
其熟田畝收錢八十　凡為錢五百六十五年十二月一日付庫吏潘有畢
嘉禾六年二月廿日田户
曹史張惕趙野校

“嘉禾吏民田家莂”简

吴（222—280）
长52.5、宽3.7、厚0.8厘米
长沙走马楼出土
长沙简牍博物馆藏

总029601

☰石下丘男子烝顛佃田四町凡十一畝一十步皆二年常限
其一畝一十步旱敗不收布
定收十畝為米十二斛畝收布二尺　凡為布二丈准入米一斛二斗五升五年十一月十日付倉吏張曼周棟
其米十二斛五年月九日付倉吏張曼周棟

其旱田不收錢
熟田畝收錢八十　凡為錢八百准入米六斗六升五年十一月
十日付倉吏張曼周棟
嘉禾六年二月廿日田户曹史張　惕趙　野校

根据简牍文字与史料记载可知，租佃田地之人的身份有州吏、郡吏、县吏、军吏、州卒、郡卒、县卒、士人、平民等，基本上都属于自由民。他们租佃政府田地要按规定缴纳米、布作为赋税。孙吴政权为了尽快稳定社会秩序，把官田租佃给无田的流民耕种，以保证正常的赋税徭役征发，并尽快恢复经济生产，稳固统治政权。

秦汉三国度量衡对比

度 制

时代	单位换算	公制换算（单位：厘米cm）
秦	1引=10丈，1丈=10尺，1尺=10寸，1寸=10分	1引=2310，1丈=231，1尺=23.1，1寸=2.31，1分=0.231
汉	1引=10丈，1丈=10尺，1尺=10寸，1寸=10分	1引=2310，1丈=231，1尺=23.1，1寸=2.31，1分=0.231
三国	1丈=10尺，1尺=10寸，1寸=10分	1丈=242，1尺=24.2，1寸=2.42，1分=0.242

量 制

时代	单位换算	公制换算（单位：毫升ml）
秦	1斛=10斗，1斗=10升	1斛=20000，1斗=2000，1升=200
汉	1斛=10斗，1斗=10升，1升=10合，1盒=2龠，1龠=5撮，1撮=4圭	1斛=20000，1斗=2000，1升=200 1合=20，1龠=10，1撮=2，1圭=0.5
三国	1斛=10斗，1斗=10升，1升=10合	1斛=20450，1斗=2045， 1升=204.5，1合=20.45

衡 制

时代	单位换算	公制换算（单位：克g）
秦	1石=4钧，1钧=30斤， 1斤=16两，1两=24铢	1石=30360，1钧=7590，1斤=253， 1两=15.8，1铢=0.66
汉	1石=4钧，1钧=30斤， 1斤=16两，1两=24铢	西汉：1石=29760，1钧=7440，1斤=248， 1两=15.5，1铢=0.65 东汉：1石=26400，1钧=6600，1斤=220， 1两=13.8，1铢=0.57
三国	1石=4钧，1钧=30斤， 1斤=16两，1两=24铢	1石=26400，1钧=6600，1斤=220， 1两=13.8，1铢=0.57

“贷民种粮”木牍

吴（222—280）
长24.4、宽7.5、厚0.8厘米
长沙走马楼出土
长沙简牍博物馆藏

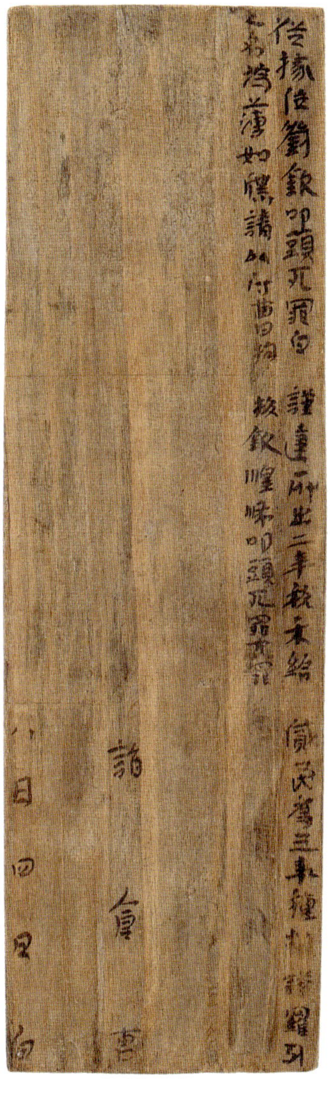

总068321

從掾位劉欽叩頭死罪白　謹達所出二年稅米给　貸民为三年種糧謹羅列
人名为簿如牒請以付曹拘　校欽惶怖叩頭死罪死罪
詣倉曹
八月四日白

该简文是从掾位刘钦关于贷种粮给贫民的汇报文书，后面附上详细的借贷贫民的人名与借贷数量，交付仓曹以便核对查验。

“贫民贷粮”签牌

吴（222—280）
长7、宽3.1、厚0.3厘米
长沙走马楼出土
长沙简牍博物馆藏

小武陵鄉
守録名
本簿

总068530（背）

小武陵鄉
貧民貸食
今餘禾所付

总068530（正）

从签牌内容可知，其下诸简应为小武陵乡贷给贫民粮食的记录。从简文可知，孙吴政权为了保证贫困百姓的基本生存，稳定社会治安，安心耕种土地，对于无粮百姓，官府还会出贷粮食和种子给他们，来年收获季节再以粮食还贷给官府。

“作部工师”简

吴（222—280）
长22.7、宽0.7、厚0.07厘米
长沙走马楼出土
长沙简牍博物馆藏

其廿四斛吏文水備鍛師佐□□□作限米

总34024

“作部工师”简

吴（222—280）
长16.8、宽0.8、厚0.07厘米
长沙走马楼出土
长沙简牍博物馆藏

領工師一户下品□☑

总35182

“作部工师”简

吴（222—280）
长23.2、宽0.7、厚0.1厘米
长沙走马楼出土
长沙简牍博物馆藏

入吏文水所備鍛師佐監[寒]等稟米廿四斛

总34808

三国孙吴时期，专门从事各种制造业的技术工匠统称为“工师”，隶属官府手工业机构“作部”。工师按其资历、身份、技艺水平分为“师”“佐”两种。官府对师、佐实行单独户籍管理，作为户主在官府登记备案时需要详细登记其家庭成员，包括妻、子、父母、兄弟，甚至祖父母、侄儿等。他们也需要缴纳赋税、服徭役。在政府内作工时也会领取钱粮作为报酬。

三国釉陶碓俑

吴（222—280）
益阳梓山湖孙吴墓出土
湖南省文物考古研究所藏

三国釉陶舂俑

吴（222—280）
益阳梓山湖孙吴墓出土
湖南省文物考古研究所藏

随着江南地区的经济快速发展，各地郡县以及地方豪强庄园出现了一派繁荣景象。墓葬中出土的种类齐全的生活用器模型，从侧面反映了当时的湖南地区经济与人们生活水平已经得到大大提升，豪强贵族生活更是奢侈富裕。

三国釉陶农夫

吴（222—280）
益阳梓山湖孙吴墓出土
湖南省文物考古研究所藏

三国釉陶负物俑

吴（222—280）
益阳梓山湖孙吴墓出土
湖南省文物考古研究所藏

三国釉陶蓑衣俑

吴（222—280）
益阳梓山湖孙吴墓出土
湖南省文物考古研究所藏

三国陶牛

吴（222—280）
益阳梓山湖孙吴墓出土
湖南省文物考古研究所藏

三国陶马

吴（222—280）
益阳梓山湖孙吴墓出土
湖南省文物考古研究所藏

三国小陶动物俑

吴（222—280）
益阳梓山湖孙吴墓出土
湖南省文物考古研究所藏

三国小陶动物俑

吴（222—280）
益阳梓山湖孙吴墓出土
湖南省文物考古研究所藏

三国小陶动物俑

吴（222—280）
益阳梓山湖孙吴墓出土
湖南省文物考古研究所藏

三国釉陶鸭、鸭舍

吴（222—280）
益阳梓山湖孙吴墓出土
湖南省文物考古研究所藏

三国釉陶狗、狗圈

吴（222—280）
益阳梓山湖孙吴墓出土
湖南省文物考古研究所藏

三国釉陶猪、猪圈

吴（222—280）
益阳梓山湖孙吴墓出土
湖南省文物考古研究所藏

三国陶井

吴（222—280）
益阳梓山湖孙吴墓出土
湖南省文物考古研究所藏

三国陶灶

吴（222—280）
益阳梓山湖孙吴墓出土
湖南省文物考古研究所藏

青釉瓷罐

吴（222—280）
益阳梓山湖孙吴墓出土
湖南省文物考古研究所藏

三国硬陶罐

吴（222—280）
益阳梓山湖孙吴墓出土
湖南省文物考古研究所藏

三国青瓷碗

吴（222—280）
益阳梓山湖孙吴墓出土
湖南省文物考古研究所藏

三国青瓷盏

吴（222—280）
益阳梓山湖孙吴墓出土
湖南省文物考古研究所藏

三国瓷盏

吴（222—280）
益阳梓山湖孙吴墓出土
湖南省文物考古研究所藏

三国瓷盏

吴（222—280）
益阳梓山湖孙吴墓出土
湖南省文物考古研究所藏

三国瓷盏

吴（222—280）
益阳梓山湖孙吴墓出土
湖南省文物考古研究所藏

三国釉陶熏

吴（222—280）
益阳梓山湖孙吴墓出土
湖南省文物考古研究所藏

三国釉陶熏

吴（222—280）
益阳梓山湖孙吴墓出土
湖南省文物考古研究所藏

三国小陶人物俑

吴（222—280）
益阳梓山湖孙吴墓出土
湖南省文物考古研究所藏

三国小陶人物俑

吴（222—280）
益阳梓山湖孙吴墓出土
湖南省文物考古研究所藏

青釉四系罐

三国（220—280）
长沙市五一路走马楼古井出土
长沙市文物考古研究所藏

水波纹扁腹瓷罐

三国（220—280）
长沙市仰天湖贺龙体育馆出土
长沙市文物考古研究所藏

结　语

简牍是考古工作的重要发现。习近平总书记指出，要努力建设中国特色、中国风格、中国气派的考古学，深入做好考古成果的挖掘、整理、阐释工作，为弘扬中华优秀传统文化、增强文化自信提供坚强支撑。

文以化人，尺牍情深。为整合两地文化资源，讲好中国故事，在湖南省文物局的指导下，长沙和龙山携手策划了此次特展。通过展览，在简牍文化构建的时空里，解读湖南大地的历史进程密码，再现“信史”记载的大秦、两汉、三国那一段风云变幻的沧桑岁月！

Conclusion

The bamboo slips excavated are significant achievements of archaeological work. President Xi Jinping has called for the efforts to build the archaeology with Chinese characteristics, Chinese style and Chinese manner and to strengthen the work of excavation, collection and interpretation of archaeological achievements so as to promote traditional culture and boost cultural confidence.

People are cultivated by culture and the bamboo slips convey the deep affections of people in Hunan region. In order to integrate the cultural resources of Changsha and Longshan and tell a good story of China, the two bodies co-curated this special exhibition under the guidance of Hunan Provincial Bureau of Cultural Heritage. We hope that the exhibition would not only decode the historical course of Hunan region but also represent the definite recordings about the vicissitudes during the Qing dynasty, the Han dynasty and the Three Kingdoms period.

探索与研究

EXPLORATION AND RESEARCH

里耶秦简之道路里程书和秦郡略析

张春龙
湖南省文物考古研究所

道路里程书

现已见诸报道的（部分或全部，或新闻消息）秦系简牍主要有11批。计有睡虎地秦简、郝家坪秦牍、放马滩秦简、岳山秦牍、龙岗秦简、杨家山秦简、王家台秦简、周家台秦简、里耶秦简、岳麓秦简、北大秦简。它们除郝家坪秦牍是战国晚期的秦牍、放马滩秦简是战国末年的秦简外，绝大多数都是秦代的简牍。

一、道路里程书之定名

以上秦简中有关道路里程类记载的，除里耶秦简外，还有北大秦简，但目前尚未发表。《北京大学出土文献研究所工作简报》总第3期称之为“交通里程类”，《里耶发掘报告》称“地名里程类”，这类叫法太现代，不像古代名称。李零先生在北大秦简发布会上指出，应叫“道里书”。道里者，道是道路，里是里程。这个词，古书多见，不胜枚举，如司马迁讲洛邑，“此天下之中，四方入贡道里均”（《史记·周本纪》），就是说洛邑位居天下之中，条条大路通洛邑，四方朝贡，道路远近，几乎差不多。这类简文，有很详细的地名和里程，对研究地理很重要。世界上任何大地域国家，修直道、驰道类的高等级公路，都是必要条件。如波斯御道（Persian Royal Road），全长2400公里，就是这种道路。这种道路网，既有调动军队之便利，也有邮驿、货运的好处，政令也可以快速传达。

二、简牍概况

里耶秦简中有三枚记载地名和里程的木牍，其中52号已发表，[1]这里介绍12号和14号两片残牍并补充52号照片。简牍出土前都已残断，12号宽4.4厘米，残长4.4厘米，上下均残。14号宽5.5厘米，残长8.4厘米，下段残。52号宽4.7厘米，残长10.4厘米，上段残断。

12号 第一栏　第一行：⧄里
第二行：⧄里
第三行：⧄□里
第四行：⧄九里
第五行：⧄百七十五里
第六行：⧄百卅五里
第七行：⧄□里
第八行：⧄十九里

第二栏　第一行：高阳到⧄
第二行：武垣到⧄
第三行：饶阳□⧄
第四行：乐成□⧄
第五行：武邑⧄
第六行：信都⧄
第七行：武□⧄
第八行：宜成⧄

秦一尺约为今天的23.1厘米，[2]里耶简牍长度基本为23厘米，合于当时一尺之制。《史记·秦始皇本纪》：“六尺为步。”当时以三百步为里，则一里约合今天415.8米。

高阳，县名，旧说西汉置，[3]治所在今河北高阳县东旧城。另有高阳邑，战国燕地，在今河北高阳县东，燕武成王时封荣蚠于此。由简文可知秦朝已在高阳置县。

武垣，秦县，治所在今河北肃宁县东南。此地战国时为燕地，名武垣邑。

饶阳，旧说西汉置，治所在今河北饶阳县东北。由简文可知饶阳秦时已置县。

乐成，旧说西汉置，治所在今河北献县东南。三国魏改为乐城县。由简文知秦时已为县。

1　湖南省文物考古研究所等：《湘西里耶秦代简牍选释》，《中国历史文物》2003年第1期。
2　丘光明编著《中国历代度量衡考》，科学出版社，1992年，第10页。
3　地理方位和沿革均据复旦大学历史地理研究所编：《中国历史地理辞典》，江西教育出版社，1986年。

武邑，旧说西汉置，治所在今河北武邑县。由简文知秦时已为县。

信都，历史上地名有二，一说秦置县，治所在今河北邢台市西南，西汉初改为襄国县。一说西汉置县，治所在今河北冀州。简文所记地名均为县名。信都作为秦时的一个县，应与乐成、武邑成一线，络绎相连，具体地点以在冀州为宜，而不应在邢台西南。治所在冀州市的信都县，是秦而不是西汉所置。只是秦既于巨鹿郡设信都县，是否会在邯郸郡也设信都县？待考。

武□，第二字残泐难辨，以地望推之，今河北清河县东北的武城与之略相当，旧说西汉于此置武城县，也名东武城。但“武”后之字很难说是“城”。

宜成，县名，第二字很像是“成”字上半部。暂释“宜成”，地点应在今河北清河以南至山东临清之间。西汉有宜成侯国，在山东济阳县西北，距离简文显示的路线太远，不当是。

14号 正面

第一栏　　第一行：□阳到顿丘百八十四里

　　　　　第二行：顿丘到虚百卌六里

　　　　　第三行：虚到衍氏百九十五里

　　　　　第四行：衍氏到启封三百五里

　　　　　第五行：启封到长武九十三里

　　　　　第六行：长武到傿陵八十七里

　　　　　第七行：傿陵到许九十八里

第二栏　　第一行：□☑

……

背面：　　·泰凡七千七百廿二里

□阳，秦县名。第一字残泐，据简文提供的距离和方位，应为顿丘之北七十多公里处的某地。

顿丘，历史上顿丘有两处，一在河南浚县，也作敦丘。春秋属卫，《诗·卫风·氓》：“送子涉淇，至于顿丘。”《水经·淇水注》引《竹书纪年》载“晋定公三十一年城顿丘”。西晋泰始二年（266）置顿丘郡，治所也在此地。其二为西汉顿丘县，治所在今清丰县西，因离下一地名“虚”过远，而以浚县之西的顿丘为当。

虚，古有虚邑，一作郪邑。春秋地名，在今河南封丘县北。由简文揭示的线路分析，秦虚县所在应与虚邑一致。

衍氏，古有衍氏邑，亦作衍邑，战国魏地，在今河南郑州市北。《史记·魏世家》载景湣王五年：“秦拔我垣、蒲阳、衍。”《史记·秦始皇本纪》载始皇九年：“杨端和攻衍氏。”衍氏邑或与秦衍氏县为同一地点。

启封，战国魏有启封，在河南开封县（今开封市祥符区）西南。西汉时避汉景帝刘启讳，改为开封。

长武，不见于文献记载，由简文揭示的路线和距离分析，长武应在今尉氏一带。尉氏，县名，秦置，治所即今河南尉氏县。不知是秦时尉氏一带有“长武”和“尉氏”两个县，还是文献记载有误或是其他原因。

傿陵，即鄢陵，地点在今河南鄢陵县西北。春秋时属郑，后为魏国安陵君封邑。

许，秦县名，治所在今河南许昌市东，此地西周初年为姜姓鄦国所在地。东汉建安元年（196）曹操迎献帝都于此。三国黄初二年（221）改名许昌县。

52号 第一栏 第一行：☐□
第二行：☐里
第三行：☐里
第四行：☐六十四里

第二栏：第一行：鄢到销百八十四里
第二行：销到江陵二百卌六里
第三行：江陵到孱陵百一十里
第四行：孱陵到索二百九十五里
第五行：索到临沅六十里
第六行：临沅到迁陵九百一十里
第七行：凡四千四百卌四里

鄢，秦县名，治所在今湖北宜城市南。西汉惠帝三年（前192）改为宜城县。

销，秦县名，也见于《张家山汉墓竹简・二年律令》四五六简。[1]据简文提供的里程数，销县县治应在今天湖北荆门市以北。周振鹤先生认为：“按照销北至鄢184里，南至江陵240里的标志，我们大概可以将销县定位于今湖北的荆门市北面的石桥驿与南桥之间。”[2]

江陵，秦县名，治所在今湖北江陵县。

孱陵，《汉书・地理志》记载为西汉置，治所在今湖北公安县西。

索，文献记载为西汉置县，治所在今湖南常德市鼎城区断港头乡城子村。又名汉寿城，《续汉书・地理志》“汉寿”刘昭补注：“故索，阳嘉三年更名。”

临沅，县名，秦置，治所在今湖南常德市。今常德市下南门濒临沅水处有楚汉时期城址，多见当时遗物。

迁陵，县名，《汉书・地理志》记载为西汉高帝五年（前202）置，治所旧说在今湖南保靖

1　张家山二四七号汉墓竹简整理小组：《张家山汉墓竹简［二四七号墓］》，文物出版社，2001年，第197页。
2　周振鹤：《秦末汉初的销县里耶秦简识小》，简帛研究网，2003年12月1日。

县东北。由里耶秦简可知迁陵为秦县名，治所可能在里耶。[1]

三、牍文揭示的道路分析

三简规格不同，不可能是同一木牍。书写风格基本一致，字体均较修长，迥然有异于其他简牍的字形宽扁。12号略显工整严谨，14号和52号文字稍微疏放。由14号“泰凡七千七百廿二里”和52号“凡四千四百卌四里”看，木牍所记道路的出发点和终止点也应当不同。12号所记地名多在今河北境内，14号所记地名在今河南省境，52号所记地名则在今湖北和湖南二省。

木牍为我们提供了很多新的史地信息，由简文可知高阳、饶阳、乐成、武邑、孱陵、索、迁陵以及位于今天河北冀州境内的信都设县之始均在秦朝而不是西汉；顿丘、虚、衍氏、启封等名称虽见于古代文献，却不见有秦汉时期设县的记载，由牍文可以明确这些地方秦朝已经成为县；长武作为秦县名则不见于任何记载。

12号有里程者缺地名，有地名者缺其间距离，不知其终始地点，所记地名都在秦朝巨鹿郡范围内，所记道路经过今天河北省高阳、肃宁、饶阳、献县、武邑等县和冀州市境，[2]这一道路自古以来就是华北平原中部的交通孔道，其北端与后代由北京南行经固安—雄县—鄚州—河间—清河—馆陶—大名—濮阳—长垣—开封线北段基本重合，[3]只是略微偏西，似乎由高阳取道北洋淀以西，绕开水泽的沮洳之地而通向更远的北方，其南端似乎与后代开凿的鲁运河地域相通。查历史地图，高阳、饶阳、冀州等多在黄河故道旁，[4]当时是否借重黄河水道则有待更多的证据和研究。

14号所记县名跨东郡、三川、砀郡、颍川郡，[5]均在今河南省境内，所揭示的路线北端和12号所记路线的南端应在某地交汇。14号各地之间的距离累计一千一百〇八里，只是牍背面所记“泰凡七千七百廿二里”的七分之一，我们看到的是第一栏，这枚牍如果完整可书写四栏，也只是记载“七千七百廿二里”漫长驿道的一组简牍的一支。虚到启封的直线距离不足百里，而虚到衍氏“百九十五里”，衍氏到启封“三百五里”，不走百里的直线而迂回五百里，这样长距离的绕道，应当是为利用黄河水道，或为通过黄河津渡以及其他未知的原因。这一带的黄河津渡有在今河南新乡西南的卷津、原阳西北的杜氏津、汲县南的延津和围津。这些渡口都在今天黄河水道以北，查战国和秦汉时期地图，[6]14号揭示的路线在顿丘应已渡过黄河，不必到虚再折而西行至衍氏然后渡过黄河。是否是直接利用当时的河湖网络以通驿运之便，由顿丘—虚—衍氏，经黄河水道，由衍氏附近入济水再借助逢泽和牟贾河等小河流到达启封和长武、鄢陵，但牍文所记的路线由虚西行至衍氏后不直接取道南下而是折而向东南到启封再向南向西，很值得推敲。

1　湖南省文物考古研究所等：《湖南龙山里耶战国—秦代古城一号井发掘简报》，《文物》2003年第1期。
2　《中国地图集》，中国地图出版社，2000年，第13页。
3　据李孝聪《中国历史区域地理》，北京大学出版社，2004年，第184页。
4　据谭其骧主编：《中国历史地图集》第一册，地图出版社，1982年，第37—38页。
5　据谭其骧主编：《中国历史地图集》第二册，地图出版社，1982年。
6　据《中国历史地图集》第一册、第二册。

我们相信秦人留下的文献的严谨和精确，即简文中记载的各地之间的距离都准确无误。但以简文所示的距离衡量有关历史地名则多有不相符合处，特别是虚到衍氏百九十五里，衍氏到启封三百五里最为明显，也可能是秦以后地望有变。里耶秦简为我们提供了复原秦时期历史地理的难得数据。

鄢—销—江陵应是走陆路，也不排除有可以通航的小河流。由河南南阳经襄樊、宜城而到江陵，这条道路自远古以来就是南阳盆地进入江汉平原的必由之路，这一区域新石器时代中期黄河流域的仰韶文化和长江中游地区的大溪文化就已交汇碰撞，后来更是南北交流的重要孔道“南襄隘道”所在。襄阳与荆州之间，有汉水等可相通，陆路也较平坦。《水经·沔水注》记载楚灵王（前540—前489）时在郢都附近开了一条渠，将汉水和江水联系起来。[1]

有研究表明，“黄河以南的道路，重要的有两条：一条从延津渡过黄河到郑州南下，经新郑—许昌，与从开封西南行经尉氏而来的道路相会；南行经郾城—汝南—正阳—信阳或罗山，经义阳三关，越大别山。或西行经叶县、方城而去襄阳”[2]。鄢—销—江陵即是这一道路的向南延伸。江陵—孱陵—索—临沅路线基本是水道，是江汉平原通向洞庭湖西南部的湖南沅澧流域的最主要道路。从荆州渡江，可以沿孱陵（今湖北公安）、湖南澧县、索（今湖南常德鼎城区境内）、临沅（湖南常德）、沅陵（湖南怀化），向南直下两广，或东出湖湘，西上黔滇。临沅—迁陵以水路为主，当时是秦王朝经略大西南的重要道路，西汉以来这条道路的重要性相对下降，随着行政区域的变更，成为区域内的交通线。

秦统治两湖两广和东南，经南阳至南郡，沟通关中平原和江汉平原，与长江中下游衡山、会稽诸郡相联系使用的即是这一道路，秦始皇东巡曾三次经由此道，秦末刘邦由此道先项羽到达咸阳。[3]

四、出土文献所见的秦汉邮驿设置和管理

14、12、52号记录了秦朝由北而南三段重要的驿道，这些驿道是历史上北方和中原地区通向南方的重要道路，它们自为起讫，在某些区段交叉或重合，与其他道路一同构成秦朝的驿道网络。牍文内容是今天我们见到的最早的邮置系统里程核定表。

秦人重视驿道建设和管理并多有创新，甘肃天水放马滩战国晚期秦墓出土的木板地图中，明确绘出交通道口，标记道里数字，如“去谷口可五里”“宛到口廿五里”等，也表明秦交通管理制度严密。[4]

两汉时期的邮驿设置和里程记录等简牍，过去在西北长城沿线曾有发现，居延新简和敦煌

---

1 李孝聪：《中国区域历史地理》，北京大学出版社，2004年，第248页。

2 李孝聪：《中国区域历史地理》，北京大学出版社，2004年，第186页。

3 参见王子今：《秦汉交通史稿》，中共中央党校出版社，1994年，第28页。

4 何双全：《天水放马滩秦墓出土地图初探》，《文物》1989年第2期。

悬泉汉简也有性质相同的里程表。居延新简EPT59·582："长安至茂陵七十里，茂陵至茯置卌五里，茯置至好止七十五里，好止至义置七十五里，月氏至乌氏五十里，乌氏至泾阳五十里，泾阳至平林置六十里，平林置至高平八十里，媪围至居延置九十里，居延置至觻里九十里，觻里至揟次九十里，揟次至小张掖六十里，删丹至日勒八十里，日勒至钧着置五十里，钧着置至屋兰五十里，屋兰至氐池五十里。"[1]

敦煌悬泉简60号："仓松去鸙鸟六十五里，鸙鸟去小张掖六十里，小张掖去姑臧六十七里，姑臧去显美七十五里。……氐池去觻得五十四里，觻得去昭武六十二里府下，昭武去祁连置六十一里，祁连置去表是七十里……玉门去沙头九十九里，沙头去乾齐八十五里，乾齐去渊泉五十八里。·右酒泉郡县置十一。·六百九十四里。"[2]这种里程简所表示的邮驿制度均承继了秦朝的特点，与邮驿和行书制度密切相关。

里程简是为统计邮人行书工作量、考核地方行政文书传递速度而设定的，是管理驿站、驿道和邮人工作效率的依据。

云梦睡虎地秦简《行书律》"行命书及书署急者，辄行之；不急者，日毕，勿敢留。留者以律论之""行传书、受书，必书其起及到日月夙暮，以辄相报殹。书有亡者，亟告官。隶臣妾老弱及不可诚仁者勿令"。[3]以法律形式规定对传递的文书必须立即传送，不得留滞，否则将依法论处；文书传递中必须登记发文、收文的时间。

西汉初年继承了秦朝的相关法律和管理方式，江陵张家山汉墓竹简《二年律令· 行书律》："邮人行书，一日一夜行二百里。"[4]《行书律》还规定了邮置的布局："十里置一邮。南郡江水以南，至索南水，廿里一邮。一邮十二室。长安广邮廿四室，警事邮十八室。有物故、去，辄代者有其田宅。有息，户勿减。令邮人行制书、急书、复，勿令为它事。畏害及近边不可置邮者，令门亭卒、捕盗行之。北地、上、陇西，卅里一邮，地险狭不可邮者，得进退就便处。邮各具席，设井磨。吏有县官事而无仆者，邮为炊；有仆者，假器，皆给水浆。"[5]这些法律条文加上里程表反映了秦汉时期全国范围内非常发达、完善有效的邮置网络，也反映了当时政府根据具体情况，因地制宜地设置邮驿，在关中人口稠密地区十里一邮，在南郡长江以南人口较少的地区二十里一邮，北地、上郡、陇西等人口稀少的地区则三十里一邮，地势险恶逼窄不宜设邮的地方，距离可以更远一些或稍近一些，在合适方便的地点设邮。每一邮有十二家人，长安广邮有二十四家人，警事邮有十八家人。邮有邮舍，有田地，可供邮人家庭住宿、耕作，专职负责传送公文书，不得从事其他职业。如果邮人死亡或离去，替代者充当邮人，则同时占有其田地房屋。在有危险的地区和边境地区不能设立邮置的地方，由门亭的两名亭卒和捕盗负责传送文书。邮置有供给饮食的设施，有井，有磨，对往来公干的官吏没有仆从的，邮人为他们做饭；有仆从的，

---

1 《居延新简》，文物出版社，1991年，第174页。

2 胡平生、张德芳：《敦煌悬泉汉简释粹》，上海古籍出版社，2001年，第56页。

3 睡虎地秦墓竹简整理小组编：《睡虎地秦墓竹简》，文物出版社，2001年，第61页。

4 张家山二四七号汉墓竹简整理小组：《张家山汉墓竹简［二四七号墓］》，第170页。

5 张家山二四七号汉墓竹简整理小组：《张家山汉墓竹简［二四七号墓］》，第169页。

将炊具借给他们使用，都要供给饮水。

睡虎地秦墓《秦律》和张家山二四七号汉墓《二年律令》记录了邮驿的设置和邮人的职责，而未见邮人的任免，里耶秦简的出土补充了这一方面的资料。里耶J1⑧157：“卅二年正月戊寅朔甲午，启陵乡夫敢言之：成里典、启陵邮人缺，除士伍成里匄、成，［成］为典，匄为邮人。谒令、尉以从事，敢言之。正月戊寅朔丁酉，迁陵丞昌卻（却）之启陵，廿七户已有一典，今又除成为典，何律令？（应）尉已除成，匄为启陵邮人，其以律令。/气手。/正月戊戌日中，守府快行。正月丁酉旦食时，隶妾冉以来。/欣发。壬手。”内容是秦始皇三十二年（前215）正月十七日，启陵乡啬夫任命成里的里典和邮人的情况。

里耶秦简表明秦朝的文书传送机制及邮置系统运作的实际情形。秦朝中央和郡的政令能够及时到达在今天也是十分偏僻的迁陵（里耶），迁陵的文书能够下达乡村，上送洞庭郡或更远。[1]邮驿系统设置的完备和运作效率反映了一个社会的文明与发达程度，而行书效率，即公文书上行下达的速度是国家机器管理效能的具体体现。秦祚虽短，整理制定的这些制度在以后的历史中得到充分的继承，是大一统的中国历千百年绵延至今的原因之一。这正如史念海先生《秦汉时期之国内交通路线》中所说：“西汉建国，历年四百，瓜瓞绵延，无与伦比。其提封所及，东起辽海，西迄流沙，南逾五岭，北际朔漠，疆域之广，规模之宏，不惟为后世人士所乐道，抑且为吾民族活动之基础。此伟大之帝国所以能历久不隳者，固赖其政治之优良与夫制度之精密，然其时交通之发达要亦其一因也。”[2]

秦　郡

《史记》云秦统一后置三十六郡，哪三十六个郡，《史记》无记载。于是这给后人研究秦郡带来了很大的困难。第一是秦置三十六郡，还是比三十六郡更多？第二是三十六郡包括哪三十六个，具体名称是什么？东汉初的班固对此已经不太清楚，他在《汉书》中列出的秦郡，数目略多于三十六。南朝宋裴骃在《史记集解》中列出了三十六个秦郡。班、裴两家所见的材料和个人理解不同，因而略有差异，如班认为秦郡中有南海、桂林、象郡，而裴书中恰好无此三郡。裴有黔中郡，而班无，两家的差别仅在于此。近几十年，陆续发现一些秦封泥，如有河间、清河、淮阳等有关资料，证明秦设有这几个郡，但在文献中则不见。这使我们对秦郡有了新的认识。里耶秦简中出现的郡名很多，共有二十六郡之多，十分重要的是，其中有一部分郡名是不见于史书记载的，这可大大弥补文献记载的缺失。

1　胡平生：《读里耶秦简札记》，简帛研究网，2003年10月23日。

2　史念海：《河山集》四集，陕西师范大学出版社，1991年，第536页。

一、郡名

见于简文的郡名有以下这些，其年代约为秦始皇二十五年（前222）到二世二年（前208）之间：

颍川、邯郸、东郡、九原、汉中、琅邪、巴蜀、南郡、南阳、雁门、上郡、辽东、河间、河内、庐江、衡山、淮阳、丹阳、清河、内史、东晦、洞庭、苍梧、巫、太原、三川。[1]

经初步整理，这批秦简中大致可认定的郡名有下面22个：

内史、东郡、南阳、南郡、泰原、叁川、颍川、河内、琅邪、九江、上党、河间、苍梧、洞庭、恒山、清河、衡山、泰山、庐江、四川、州陵、江湖。

二、相关秦郡略析

1. 内史

秦汉京师地区，前人或以为和郡不同，但也有人将其和郡置于同列，班固、裴骃皆同列。今据简文，运送兵器到“内史及巴、南郡、苍梧”，证明当时人就把内史和郡并列在一起。

2. 邯郸

有人以为秦置赵郡。王国维以为秦灭六国后不立赵、韩、楚等郡，这是正确的。今据简文，秦置邯郸郡是事实。

3. 衡山

汉初还存在，后来因分封而调整，故西汉无此郡。封泥、简文中皆有。

4. 丹阳

《汉志》中未言秦置丹阳郡，而只有鄣郡，以为此乃秦所置者。以后到武帝时才设丹阳郡。今据简文知道秦早已有之，而“鄣郡”之说疑传讹之说。

5. 南海、桂林、象郡

裴骃认为秦三十六郡中并无此三郡，西晋司马彪也并不以为三十六郡中有南海。这表明魏晋史家和班固的看法有分歧。现在从简文来看，迁陵和邻近的南郡、巴、蜀来往频繁，而和它南面的南海等地则没有什么关系。这至少从侧面说明南海三郡的存在是值得怀疑的。

6. 长沙

简文中屡见。刘邦封吴芮为长沙王。秦的长沙在洞庭郡内，疑长沙为洞庭郡之治所。

汉人对秦郡已经有些模糊不清，像《汉书》这样的史籍就对它把握不准，这造成后人对秦郡的认识更加的不清楚，从清到现在，学者对秦郡的考定多半是靠猜测，如同摸黑一样，谁也说不清。现在里耶简中的郡名有二十几个，这尽管还不能彻底弄清秦郡究竟有哪些，不过随着不少确

1 见附表《里耶简文秦郡名资料》。

切的郡名出现，许多不必要的争论完全可以平息下去了。里耶简的发现，对于解决有关秦郡的问题，起到重大的作用。

这些郡名，大致可分为五种情况：一是与《史记·秦本纪》中所记载的秦三十六郡郡名相同的，如内史、东郡、南阳、南郡、泰（太）原、叁（三）川、颍川、河内、琅邪、九江、上党等郡名。这是典籍中常见的秦代郡名，这里我们略而不论。二是与里耶秦简上所载的郡名可以互证的，如苍梧、洞庭两郡。有关苍梧郡、洞庭郡的讨论已经很多，这里也不再赘言。三是与近现代学者所考的秦四十八郡名称可以互证的，如河间、恒山、衡山、庐江、清河、四川等郡。四是史书记载上是从汉代才设置的县名，如泰山、州陵等。五是个别从不见于典籍记载的郡名，如"江湖郡"，就是第一次出现的新郡名，值得特别关注。下面我们仅就后三类中的一些郡名作些粗浅的梳理和考证。

7. 清河

"清河"或写作"请河"，作为郡名，在岳麓书院藏秦简中曾出现过多次：

374号简文曰："清河假守上信都言……"

865号简文曰："诸相与奸乱而迁者，皆别迁之，毋令同郡。其女子当迁者，东郡、叁川、河内、颍川、请（清）河……"

864号简文曰："罪？人而当戍请（清）河、河间、恒山者，尽遣戍□□地。清河、河间当戍者，各戍……"

《齐鲁封泥集存》集录有"清河太守"封泥，王国维为《集存》撰跋文时，曾据其形制断为"汉初之物"[1]。孙慰祖先生曾考订曰："《史记·苏秦列传》：'赵东有清河。'又同书《樊哙列传》：'降定清河、常山凡二十七县。'"清河与常山并称而计其县，其数目亦合二郡之地，则此前已存其郡方是。[2]

按，岳麓书院藏秦简中之"清河"亦与"恒山"并列，大家知道，"恒山"也就是"常山"，可见《史记·樊哙列传》中所记的"清河、常山"确系秦代郡名。由此既可证孙氏所考可以成为定论，同时，也可证"清河太守"封泥确是清河郡守的印鉴，这方面，近年大量出土的秦代封泥也可作为佐证。

辛德勇先生曾对清河郡作过历史地理方面的考证："西汉有清河郡，核心区域在今河北清河、故城至山东临清、武城、夏津、高唐一带，[3]即汉以前之《山经》《禹贡》河与《汉志》河这两道黄河河道中间的地域。[4]战国时这里属赵国，有武城邑，又称东武城，为平原君赵胜封邑。[5]

1 王国维：《观堂集林》卷一八《书齐鲁封泥集存后》，中华书局，1959年，第928页。

2 孙慰祖：《中国古代封泥》，上海人民出版社，2002年，第42页。

3 《汉书》卷二八上《地理志》上，中华书局，1982年。参见谭其骧主编：《中国历史地图集》第二册《冀州刺史图》，中国地图出版社，1982年。

4 谭其骧：《西汉以前的黄河下游河道》，原刊《历史地理》创刊号（1981），此据作者文集《长水集》下册，人民出版社，1987年。

5 《史记》卷七六《平原君虞卿列传》，中华书局，1982年。

清河在赵为东疆重地，与常山（恒山）东西并称。[1]秦王政十四年，秦将桓齮攻取赵平阳、武城。[2]由平原君封邑可知，武城为清河重镇，它的失守，标志着秦已攻取整个清河区域。所以，秦清河郡即应设置于此时。秦清河郡的范围，西部应比汉代的河间郡要广阔许多。与武城一道入秦的平阳，位于唐相州临漳县西二十五里，[3]在漳水南岸。[4]武城所在的清河地区，既然已经设郡，平阳所在的漳水南岸区域，不能无所统属，应当一并归入清河管辖。”[5]

岳麓书院藏秦简中“清河”作为郡名的反复出现，确证了秦代置有清河郡这一事实，同时也证明了现当代学者考证的正确。

“淮水之衡山、南郡”的记载中，衡山并不是山岳之名，而实属与“南郡”一样的郡名，因为早在秦始皇二十五年（前222），衡山郡已经作为谪戍地写进了秦简之中。因此，所谓“衡山郡依然应当是始皇三十三年时与其他郡一同改置”的推断显然是不能成立的。

8. 泰山

泰山是否是秦郡名，历来缺乏文献依据。岳麓书院藏秦简中，1114号简文曰：“泰山守言，新黔首不更昌等夫妻盗，耐为鬼新（薪）白灿。……”我们从秦代职官设置可以判断，“泰山守”的“守”非郡守之称莫属（有关“守”的讨论，详见下文）。

《齐鲁封泥集存》收有“泰山司空”封泥一枚。孙慰祖先生考证曰：“泰山秦汉皆无其县，印文非郡无以归之。《地理志》曰：泰山郡，高帝置。全祖望《汉书地理志稽疑》说：故属秦齐郡，楚汉之际属齐国，寻为济北国，五月复属齐国，分置济北、博阳二郡。高帝四年属汉，改博阳为泰山。王国维认为：故汉初之郡，当因秦故。以此封泥证之，泰山亦秦始皇二十六年后自齐郡析出之郡。所谓高帝改博阳曰泰山，恐实为复其秦名而已。”[6]

秦简中的“泰山守”无疑给封泥中的“泰山司空”提供了泰山在秦代确曾置郡的重要佐证。同时也说明孙氏所考大致可信。《地理志》中所谓“泰山郡，高帝置”的记载当是秦代文献资料有限的情况下所作的判断，实际上泰山在秦早已设郡，之所以有“高帝置”的结论，或如全祖望所推论，当楚汉之际，泰山郡又归属于齐国，后又单独划出为博阳郡，至高祖重新区划郡县时，又改博阳郡为泰山郡，这或许也是汉承秦制的一种表现。

9. 庐江

庐江作为郡名，在岳麓书院藏秦简中是与“假守”连在一起出现的，0556号简文曰：“丞相上庐江假守书言：庐江庄道时败绝不补，即庄道败绝不逋（补）而行水道，水道异远。庄道者……”

庐江是否为秦郡名，曾存在着文献证据不足的遗憾。谭其骧先生在《秦郡新考》一文中将其

1 《史记》卷六九《苏秦列传》，中华书局，1982年。
2 《史记》卷六《秦始皇本纪》，中华书局，1982年。
3 《史记》卷六《秦始皇本纪·正义》引《括地志》，中华书局，1982年。
4 参见谭其骧主编：《中国历史地图集》第一册《赵、中山图》，中国地图出版社，1982年。
5 辛德勇：《秦始皇三十六郡新考》，《文史》2006年第1、2期。
6 孙慰祖：《中国古代封泥》，上海人民出版社，2002年，第45—46页。

摆在疑似之列："又《黥布传》，项籍死，天下定，布遂剖符为淮南王，九江、庐江、衡山、豫章郡皆属布；四郡除九江外前人亦目为非秦郡。今按郦道元《赣水注》，南昌，秦以为庐江南部（即庐江郡之南部都尉）；是豫章果后置，庐江亦未必非秦旧也。"[1]

辛德勇先生对此评述曰："今案庐江郡虽见诸记载偏晚，但是，《水经注》的记载，往往有可靠的地方资料作依据，其可信性并不一定会比《史记》等书更低，应当予以充分重视。"[2]

按，岳麓书院藏秦简的记载足以说明"庐江"在秦时已设为郡置，这不仅有力地证明了谭其骧先生推断的正确，填补了文献记载偏晚的遗憾，而且也说明诸如《水经注》等文献的记载多是有其历史根据的。

附表　里耶简文秦郡名资料

简文中郡名	简文资料出处	相关资料	班固以为秦置者
内史	"今洞庭兵输内史及巴、南郡、苍梧"（16-5）		秦有内史
颍川	"颍川守"（10-1151）		秦置
邯郸	"受邯郸"（10-566）		秦邯郸郡
东郡	"东郡守"（17-1）		秦置
琅邪	"琅邪守"（8-656）		秦置
南阳	"南阳尉府"（13-616）		秦置
三川	"岐以邮行三川"（16-1031）		秦置
南郡	"巫、南郡"（10-1363）		秦置
汉中	"一诣汉中"（10-1189）		秦置
巴	"属巴郡"（12-2166）		秦置
蜀	"取它□蜀材木"（13-297）		秦置
上郡	"上郡守属邦"（16-4）		秦置
潦东（辽东）	"琅邪以北至潦东"（16-817）	秦封泥中辽字作"潦"，与简文同	秦置
雁门	"雁门泰守府"（8-410）		秦置
河内	"织以邮行河内"（匣-169）		高帝二年（前205）时有河内

1 谭其骧：《秦郡新考》，原载《浙江学报》第二卷第一期，1947年12月。此据作者文集《长水粹编》，河北教育出版社，2000年，第53页。

2 辛德勇：《秦始皇三十六郡新考》，《文史》2006年第1、2期。

续表

清河	“清河□叚史”（14-458）	秦封泥中有“清河太守”	高帝时置
河间	“书河间矣”（13-545）	秦封泥有“河间尉印”	汉有河间国
淮阳	“淮阳守”（17-1）	秦封泥有“淮阳弩丞”	以为高帝时置
东晦	“东晦”（14-694）	秦封泥有“东晦司马”	泗水国故东海郡
庐江	“庐江叚卒史”（9-1421）		故淮南文帝时别为国
衡山	“衡山发弩丞印亡”（8-1236）	秦封泥“衡山发弩”	汉初吴芮为衡山王，英布为淮南王，封地中包括衡山
丹阳	“丹阳将奔命尉虞敢言之”（9-452）	奔命为郡兵，可知丹阳为郡	秦有鄣郡，无丹阳
泰原	“广武以邮行泰原”匣-182		秦置
九原	“蔓柏丞□廷”（8-767）	汉五原郡有蔓柏，五原即秦九原。	秦九原郡
洞庭	“洞庭守叚丞酉行县”（7-19）		
苍梧	“写苍梧守府书”（13-153）		
巫郡	“巫、南郡”（10-1363）	秦是否有巫郡，尚难明了	

秦朝迁陵县社会状况漫谈

——《里耶秦简（贰）》选读

张春龙
湖南省文物考古研究所

《里耶秦简（贰）》收录里耶遗址一号井第九层全部简牍3414枚。简文极其具体、巨细靡遗地记录了迁陵县官吏、民众的工作、生活事务。

9-1至9-12出土时摞在一起，是三例成组出现的简牍中最具规模的一组，是井下最令人激动的发现。简文内容是阳陵县追讨十二位在洞庭郡戍守的阳陵籍戍卒的赀债钱。简洁的文字和完整的公文格式记录了秦朝郡县机构处理事务的严谨和平民的实际生活情态。

9-2287，一片长23厘米的木牍，记下了一员小吏某年四月、五月两个多月在临沅（今湖南常德）附近的工作中每天到达的地点，或停或留，明明确确，毫无含糊……

简牍中形制最特殊者是9-19、9-20、9-485三枚，分别长45.9、46.5、28.7厘米，末端两侧切有两个小契口方便系绳悬挂，内容以月为单位，正面分栏记录丞主和疾己（含家人）的粮米和酱的用量，背面以刀、锥等锐器划出表格，以干支记录当月每天丞主、疾己具体的就餐次数。这种形制的简仅见于第九层。

人口、民族、性别的管理非常具体，迁陵居民由多个民族构成，楚人自然比例不小，秦人新到，比楚人更早的居住者有濮、臾、杨等，“濮人、臾，补须濮人、臾人”（9-1147）可证。“都乡黔首毋濮人、杨人、臾人”（9-2307）特意说明都乡无濮、臾、杨人，不知是不是当时政权有意为之的民族分区域安置居住。

对于寡居的妇女，文件中也予以注明，有待查找秦律中有没有相关的优抚律文。登记户口的“东成户人夫：寡晏”（9-566）、记录新开垦土地的“憖”（9-14），均强调他们的“寡妇”身份。“寡妇变赀钱……赣监”（9-86）与“元年八月庚午朔戊戌少内壬上阳里寡妇变赀钱……令佐赣监”（9-720），左侧刻齿表明赀钱数为“二千六百三十”，据睡虎地秦律“有罪以赀赎及有责（债）于公，以其令日问之，其弗能入及赏（偿），以令日居之，日居八钱；公食者，日居六钱”可知这不是一个小数目。9-86和9-720是一组校券的正副本，按理应当由授受两方分别保管，不会保存在同一单位，它们出现在一号井，又出在同一层位，也许是检查核对无异议后折断弃置。“少内沈逆受高里寡妇朐”（9-2015）是“朐”接受钱物的记录。“十三户，上造寡一户”（9-2341），可能是和上次统计相比少了一户上造。

吏员的任命、职事的交接、官民的诚信，是管理者必须详加考虑的事情。

“……贰春乡守平敢言之：廷令平代乡兹守贰春乡，今兹下之廷而不尽□告以仓粟=，问之有（又）不告平以其数，即封仓以私印。今兹（徭）使未归，远逃而仓封以私印，所用备盗贼粮尽在仓中，即盗贼发，吏不敢蜀（独）发仓。毋以智粟米备不备……”（9-50），“平”代“兹”为贰春乡守，而兹以私印封存仓储粮食且不告知存粮数量，兹远行服徭役未归，影响防备盗贼、维护治安等工作的开展，表明前后任乡官工作移交的不彻底或者两者间缺乏信任，也可能是前任对继任的故意为难。盗贼未发而预为谋划，指出事情的严重性，新乡官的这道文书写得言简意赅，极是精彩。

“……令居赀目取船，弗予，谩曰亡，亡不定言。论及譺问：不亡。定谩者訾遣诣廷。问之，船亡审……”（9-981），船亡与不亡，问题是要反复推敲的，船确实是因涨水漂失，看管船只的人被诬为“谩者”，几乎遭受“赀遣”的惩罚，取船的“居赀目”说了假话。

新拓展之地，局面纷乱紧张，民众认识不会一致，归附有先后，高压之下的降服肯定会有反复。军卒、民力调配和粮饷供应都是大过天的事。

廿六年二月“唐亭旁有盗可卅人，壮卒少不足以追”（9-1112），唐亭亭长壮的文书中说出了工作压力。“盗”未必是盗，更可能是持械拒绝归顺的原居民。

“迁陵勿禀”（9-452），迁陵县抗命，不按照公文要求为丹阳郡“奔命”军卒提供粮食，是粮食不够还是另有原因？简文年月残去，但应当是秦军到达迁陵的初期，丹阳郡兵戍守在迁陵也说明当地的情况复杂危急。

“卅六年十一月甲申朔戊子鄢将奔命尉沮敢告贰春乡主……食皆尽……续食”（9-1116），鄢地的奔命卒卅六年还留在迁陵，说明新武陵地区在王朝末年还未得平定，不给大秦王朝省心。还有食粮问题，虽然“迁陵地埶（势）美”（9-2094），美则美矣，可地狭民贫，产粮不多，外地辗转输送可能有延宕，粮食紧张的问题始终存在。

军卒没尽力效命，战而不力，不能卫护官长，是战时常有之事。

“男子它辞曰……士五，居新武陵軴上，往岁八月击反寇迁陵……与反寇战，丞死，它狱迁陵。论耐它为侯，遣它归，复令令史畸追环（还）它，更论它，系狱府，去亡……赦罪云何”（9-2290），名它的士伍本是新武陵县軴上里平民，长官战死，它未死，不能轻饶，先是耐刑之后遣归，又追还，投入狱中，它却跑了，相关官员查核它有无其他罪错、是否罪有可赦。事情颇多周折，适应的律文、处罚的轻重也可探讨，然而它很有性格，“未系去亡”，趁着管制的松懈跑了，又劳官府械送“其前狱”，以儆效尤。

“战不死，狱系酉阳”（9-600），此公系酉阳，它系迁陵，军法森严，是秦军战斗力的保证。

参照“廿六年二月……唐亭旁有盗可卅人”（9-1112），只在二十六年，又是反寇，又是盗，迁陵远未太平。

大一统的事业，兵卒、吏员、物资的调配使用必须服从大一统的终极目的，同时尽可能地爱惜民力，不误农业生产。

“南阳守衍……下南郡守，书到相报，宛、新野、追、比阳、雉、□……邯郸书……南郡守亟下真书洞庭守”（9-2077），涉及南阳和南阳郡下辖的宛、新野、追、比阳、雉，邯郸郡，南郡和洞庭郡。这是一件转发公文事务的记录，记录具体工作任务的简牍未发现。邯郸距南阳、南郡有些距离，“邯郸书”可能是指由邯郸转发而来的公文。

“令曰：传送委输必先行城旦舂、粲、臣妾、居赀、赎责，急事不可留乃兴（徭）。今洞庭兵输内史及巴、南郡、苍梧……必先悉行乘城卒、粲、臣妾、城旦舂、鬼薪、白粲、居赀、赎责、司寇、隐官、践更县者。田时殹不欲兴黔首”（9-2283），洞庭郡兵器配送巴郡、南郡、苍梧郡，说明当地具备足够的制造能力或者先有储备，役使人力必须先是乘城卒、刑徒和践更者，“田时殹不欲兴黔首”有照顾生产的初衷，然而“急事不可留乃兴徭”也必须遵照执行，具体如何履行职责完成如此复杂艰难的公务，很是考验官吏的行政能力。

“东晦卒史武助洞庭与守丞劝粟”（9-479），是传播先进农业生产经验还是交换干部、挂职锻炼？秦时官吏跨区域的协作，跨度可是够大。

“书二封迁陵印其一封安阳、洞庭尉”（9-2135/2151），有驿道的支持，有17-14等里程书可据以计算工作量和日程，迁陵的文书直送安阳不值得讶异。

吏制的严格和廉政管理，是高效率行政运作的保证。

“御史请书曰：自今以来为传假马以使，若有吏县中及逆传车马而以载人，避见人，若有所之，自一里上□坐所马车为臧（赃），与盗同法”（9-1878），秦时一里，合今天的400多米，即“与盗同法”，私用公车或马，后果是灾难性的。

迁陵吏员据秦王朝颁布的律令和其他具体公文行使职权。三十七年（前210）始皇南巡曾驾临云梦泽，望祀虞舜于九疑山，可以说到过洞庭郡边境，但对洞庭郡或辖下各县带来的具体影响不得而知。丞相、御史等有没有直接管理过洞庭郡或迁陵县的事务？

第九层简文提到“丞相”的有：“守府下请史书曰丞相”（9-303）、“启陵乡守唐敢言之：廷下丞相书”（9-1205）、“贰春乡后敢言之丞相言”（9-1415）、“上丞相”（9-2055）四例。

提到“御史”的有：“下御史书”（9-643）、“田虎敢言之御史书”（9-700/802）、“传御史书”（9-707）、“御史丞臣去”（9-727）、“御史丞去□”（9-1339/1524）、“行书御史一封，临沅丞印，诣迁陵，以邮，急”（9-1450/1723）。

这些文字应当是指在行政时或公文中遵循丞相言、丞相书、御史书，未必是丞相、御史直接下达指令给迁陵县，“上丞相”应是直接呈文丞相府，迁陵县是否可以直接上书丞相府？“行书御史一封”，若是临沅送往御史府的书信经过迁陵，则道迂曲而路远，更可能是“行御史书一封，诣迁陵”。两例“御史丞去”“去”字后或字残或简断，但可知年份为二十九年和三十一年，“去□”当为人名，疑是冯去疾。

物资管理，钱物的使用必须有预算，市场管理是双轨制。事先计算钱、金甲、锦、缦、白布、枲、帷、袍等“度给县用足”或“度给县用不足”（9-1152、9-1405、9-2296等）。

“八月市平贾叔（菽）”（9-1189），有平价就应当有“市价”，政府采用的是“双轨制”。

“出铜八两为靳负环四”（9-737），用铜八两制作服马当胸皮带的四个带扣，物资管理之细致也令人慨叹。

橘园橘志、枝枸志、漆园志、畜官志，所有生产活动都须有记录。

“洞庭叚守高谓县丞：干藿及菅茅善用殹……以书到时令乘城卒及徒隶、居赀、赎责勉多取积之，必各足给县用”（9-1895），代理郡太守指示各县，采收并囤积芦苇和菅茅，干草和菅茅很重要，“必各足给县用”。高太守“以洞庭发弩印行事”，他代理太守之前的职务可能是洞庭发弩。

有趣的工作可能就是9-31记载的每岁捕捉黄翰、白翰、黑翰、明渠鸟、鷩鸟、猿等以“赋献”了，这些工作是贰春乡等基层机构和民众必得完成的。“迁陵买鸟毛（羽）”（9-599），记载了捕捉不能完成，去其他地方买也是一种办法的情形。

生产劳动中刑徒安全管理的踪迹：

“死者二人率之千卌人而死一人”（9-724），只是简单的死亡比率的统计还是各种工作中伤亡比率的规定？既然郑重其事地记录于此，即使是将劳动力作为一种资源，也必定多少有惜用民力之意，参见“田时也不欲兴黔首”（9-2283）。

酒可以祭神，可用于奖励劝勉，也可售卖。

“嘉平皆饮臣独不得饮”（9-1082）、“为嘉平酒唯勿”（9-1419），“嘉平”吏员是可以饮酒的，若不然，合法权益是需要维护的，当事人会上告，会在书信中倾诉，甚至留之久远，让2200多年后的人知道。

难以解释的莫过于“献马之月己未之日，尉大夫士尹□以司马令……负甲”（9-2336），右侧刻齿为“四”，形态是标准的校券，字体是端正的秦隶，记时却是楚国的“献马之月”，职官“尹”也是楚的官称。

简牍上有关物品的具体称谓、邮书经过的地名和详细路线，对今天了解出土文物和田野考古调查多有启示。

如“牡瓦”“牝瓦”（9-674）指的是筒瓦和板瓦。

“临沅下索、门浅、上衍、零阳，各以道次传别书”（9-712/758），记录文书邮件在今天的常德附近县邑的传递地点，为我们田野工作中讨论未有文字记录而不能确定历史属性的楚汉时期城址提供了线索，大致可以对应的有常德市小南门遗址、鼎城区索县故城、桃源县青林乡采菱城、慈利零阳镇，唯上衍地点不明确，当在慈利龙潭河镇或以西某处。

“平春君假舍人南昌平智大夫”（9-2321），这是“南昌”作为地名最早的出现，也许指向今天的江西南昌，若真如此，认为刘贺时才在海昏侯国傍新建“南昌邑”，恐怕不能成立。

秦国何时占领洞庭郡，抵达迁陵？

“今迁陵廿五年为县”（8-758）表述明确，是秦始皇二十五年（前222）。具体是哪月？“廿五年二月戊午朔辛未洞庭叚守灶”（7-1）、“廿六年十月以来尽后九月往来书具此中·廿五年二月三月”（9-1127）、“冗佐八岁上造阳陵西就甘騳廿五年二月辛巳初视事上衍”（8-1457）等，是时间最早的里耶简牍，二十五年二月应当就是秦国在洞庭郡行政的开始。灶是洞庭郡第一位主政者，阳陵西就里的甘騳是第一批随行的吏员。

静穆的武陵山地，僻远的里耶，秦朝迁陵县吏员制作规范的简牍，字迹工整地记录了工作中种种细务，当时虽是日常，今天看来已是奇迹。

迁陵“邮人”的历史足音

王子今
中国人民大学国学院

湖南龙山里耶秦代古城遗址1号井出土的36000余枚简牍以及北护城壕11号坑出土的51枚简牍，学界通称为“里耶秦简”。“里耶秦简”的主要内容是秦洞庭郡迁陵县的公文档案遗存，书写年代为秦统一进程中的秦王政二十五年（前222）至秦二世二年（前208）。秦统一的历史、秦王朝地方行政管理的方式以及秦代邮驿史的诸多信息，可以通过“里耶秦简”的研究得以认识。

通过简文可以得知，战国时期楚国可能已在迁陵设县。秦王政二十五年（前222），“王翦遂定荆江南地”[1]，于是置洞庭郡和苍梧郡，大致应如《里耶秦简（壹）》编著者所说：“迁陵设县与其同时。”[2]

“里耶秦简”出现公文传递“以邮行”的形式。如第五层简牍：“酉阳以邮行⌊洞庭”（三四），“迁陵洞庭⌋以邮行”（三五），等。特别值得注意的，是简文中出现了“邮人”称谓。例如第八层简牍可见如下三枚简牍：

767（正） 正廿八年七月戊戌朔辛酉启陵乡赵敢言之令曰二月壹上人臣治酉名·问之毋当令者敢言之

（背） 七月丙寅水下五刻邮人敞以来／敬手 贝手

157（正） 卅二年正月戊寅朔甲午启陵乡夫敢言之成里典启陵邮人缺除士五成里匄成成为典匄为邮人谒令尉以从事敢言之

正月戊寅朔丁酉迁陵丞昌卻之启陵廿七户已有一典今又除成为典何律令应尉已除成匄为启陵邮人其以律令／气手／正月戊戌日中守府快行

（背） 正月丁酉旦食时隶妾冉以来／欣发 壬手

1 《史记》卷六《秦始皇本纪》，中华书局，1959年，第246页。
2 湖南省文物考古研究所编著：《里耶秦简（壹）》，文物出版社，2012年，第5页。

154（正） 卅三年二月壬寅朔朔日迁陵守丞都敢言之令曰恒以朔日上所买徒隶数·问之毋当令者敢言之

（背） 二月壬寅水十一刻二邮人得行 圂手

这三枚简都出现了"邮人"字样，简157出现三次。从简157的内容看，"启陵邮人"即"启陵乡"充任"邮人"的身份，需要"乡"的长官的推荐和上级"迁陵丞"的认可。通过简767和简154的简文记录，可知"邮人"执行公务有严格的效率检查的制度，如简767"七月丙寅水下五刻邮人敞以来"，简154"二月壬寅水十一刻二邮人得行"，时刻记录具体明确。简157从事公文传递的不是"邮人"，而是"隶妾冉"，这可能与"启陵邮人"职任正在确定与未确定之间有关。而"隶妾"即女性官奴婢承担了"邮人"的工作，体现出比较特别的行政管理方式。

《里耶秦简（壹）》的编著者指出："以往出土的秦汉简牍，很少有刑徒从事何种劳动记录。据文献记载，徒隶多从事于土木工程，如修城、筑路等。里耶简文，为我们提供了刑徒所从事的多种劳动。""有刑徒参加田间农业劳动之外，还可作园、捕羽、为席、牧畜、库工、取薪、取漆、输马、买徒衣、徒养、吏养、治传舍、治邸，乃至担任狱卒或信差的工作，行书、与吏上计或守囚、执城旦。"[1]除多种形式的劳作之外，又有"担任狱卒或信差的工作，行书、与吏上计或守囚、执城旦"等体现出比较高的信任度的工作。简157所见"隶妾冉"承担了"邮人"的职任，可能可以理解为"担任""信差的工作"的实例。

秦的社会形态研究，是比较复杂的工作。以往多有学者将商鞅变法解释为由奴隶制走向封建制的社会形态进步的标志，以为秦的统一体现出先进的制度战胜了落后的制度，然而考古发现提供的资料告诉我们，历史真实显然要复杂得多。正如李学勤所指出的："必须重新描绘晚周到秦社会阶级结构的图景。""有的著作认为秦的社会制度比六国先进，笔者不能同意这一看法，从秦人相当普遍地保留野蛮的奴隶制关系来看，事实毋宁说是相反。"[2]就这一历史文化主题进行深入的研究，对于通过中国历史走向说明社会发展的若干规律是必要的。我们一方面不应忽视"秦人相当普遍地保留野蛮的奴隶制关系"的历史事实，同时对于秦时"刑徒""徒隶"的管理方式，应当有多方位、多视角的考察，应当力求避免简单化、片面化倾向的理解。"刑徒""徒隶"们在某种程度上参与了管理程序，也是不宜忽视的行政史的事实。

根据简157的内容，"启陵乡夫敢言之：成里典、启陵邮人缺，除士五成里匄成，成为典，匄为邮人"，可见"启陵乡"的长官"夫"推荐"成里典、启陵邮人"人选之郑重。而三天之后迁陵县丞"昌"回复："启陵廿七户，已有一典"，否决"今又除成为典"的建议，又宣布"应尉已除成、匄为启陵邮人"。说明"邮人"身份的确定，需经历相当严肃的行政程序。从"启陵邮人"的称谓形式看，"邮人"似乎归属于"乡"，但是其人选的明确，是由"迁陵"县级机关决定的。

---

1 湖南省文物考古研究所编著：《里耶秦简（壹）》，文物出版社，2010年，第4—5页。

2 李学勤：《东周与秦代文明》，上海人民出版社，2007年，第290—291页。

“以邮行”的文书传递形式也见于睡虎地秦简《语书》，如：“以次传；别书江陵布，以邮行。”[1]睡虎地秦简《田律》又有这样的规定：“雨为澍，及诱（秀）粟，辄以书言澍稼，诱（秀）粟及豤（垦）田暘毋稼者顷数。稼已生后而雨，亦辄言雨少多，所利顷数。旱及暴风雨、水潦、蚰（螽）、群它物伤稼者，亦辄言其顷数。近县令轻足行其书，远县令邮行之，尽八月□□之。”睡虎地秦墓竹简整理小组译文：“下了及时雨和谷物抽穗，应即书面报告受雨、抽穗的顷数和已开垦而没有耕种的田地的顷数。禾稼生长后下了雨，也要立即报告雨量多少，和受益田地的顷数。如有旱灾、暴风雨、涝灾、蝗虫、其他害虫等灾害损伤了禾稼，也要报告受灾顷数。距离近的县，文书由走得快的人专程递送，距离远的县由驿站传送，在八月底以前［送达］。”[2]律文中的“轻足”，整理小组解释为“走得快的人”。《前汉纪》卷四《高祖四》：“秦失其鹿，天下争逐之，高材轻足者先得。”《淮南子·览冥训》：“质壮轻足者为甲卒。”这里所说的“轻足者”，也是说足力轻捷矫健，“走得快的人”，然而与睡虎地秦简《田律》作为身份称谓的所谓“轻足”有所不同。

“近县令轻足行其书，远县令邮行之”，整理小组译为“距离近的县，文书由走得快的人专程递送，距离远的县由驿站传送”。从译文字面上看，似乎这些“走得快的人”并非属于“驿站”的专职邮递人员。其实，“轻足”应当就是步行“邮人”。“近县”由他们传送，是因为可以不必接力交递，能够直接送达。“远县”则需要经“邮”的系统线路，一个邮站一个邮站地传递。现在看来，里耶秦简所见迁陵的“邮人”，身份大概与睡虎地秦简《田律》所见“轻足”有类似之处。所谓“轻足”，说明他们需要达到一定的体质要求，以保证信息传递的效率。

迁陵“邮人”们以他们的辛劳，维护着秦帝国的行政操作。他们的脚步，也为中国邮驿史的书写保留了深刻的历史文化印迹。长沙走马楼吴简出现“邮卒”与“驿兵”身份，体现出邮驿体系的军事化管理形式。[3]中国古代邮驿制度与近现代意义的“邮政”不同，首先服务于军事政治，而并非以服务社会为要务。考察并说明迁陵“邮人”身份在后世逐步的发展流变，显然还需要经过认真细致的学术努力。

1 睡虎地秦墓竹简整理小组：《睡虎地秦墓竹简》，文物出版社，1978年，第16页。
2 睡虎地秦墓竹简整理小组：《睡虎地秦墓竹简》，文物出版社，1978年，第24—26页。
3 王子今：《走马楼简所见“邮卒”与“驿兵”》，《吴简研究》第1辑，崇文书局，2004年。

走马楼竹简酒史资料

王子今
中国人民大学国学院

长沙走马楼出土竹简可见体现三国孙吴政权的“酒”专营政策的内容。有关“酒钱”“酒租钱”“酒租具钱”和“收酒”及或可理解为“付”“酒”的简文，可以看作反映“酒”的生产、流通与消费之经济管理形式的重要信息。“酒”成为地名用字和人名用字的情形，体现了当时社会与“酒”相关的时代风貌，值得酒史、社会生活史和消费观念史研究者关注。

一、“盐”“酒”“通合”简文

走马楼竹简可见同时出现“盐”“酒”字样的简文，内容很可能涉及有关“盐”“酒”的经济政策：

（1）盐一千四百卌七斛一斗一升收酒七十五斛六斗四升五合通合（8-4102）

又有如下简文，同样可见“收酒”事，虽未见“盐”字，但是对照简（1），可知“盐”的有关记录，在原简残缺的内容中。如：

（2）千四百卌七斛一斗一升收酒七十五斛六斗四升五合通合一千五百一十二斛七斗五升五合（8-4101）

（3）七斛一斗一升收酒七十五斛六斗四升五合通合一千五百一十二斛七（8-4200）

由简（2）似可补足简（1）“通合”之后的简文。看来，简（1）（2）（3）载录的文字应当都是一致的。即均应为：“盐一千四百卌七斛一斗一升收酒七十五斛六斗四升五合通合一千五百一十二斛七斗五升五合。”

（1）（2）（3）简文“盐一千四百卌七斛一斗一升收酒七十五斛六斗四升五合通合一千五百一十二斛七斗五升五合”，似乎均表现盐1437.11斛与酒75.645斛，总和为1512.755斛。

蒋福亚注意到走马楼简牍资料中有关政府控制盐、铁、酒等物资的生产与流通、消费的资料，进行了富有新意的分析。而简（1）（2）（3）所见“盐……收酒……通合……”简例，体现

“盐”“酒”的特殊关系，而二者均为社会饮食生活中体现重要作用的消费品，尤其值得重视。

《汉书》卷七五《眭两夏侯京翼李传》：“赞曰：幽赞神明，通合天人之道者，莫著乎《易》《春秋》。”《三国志》卷二三《魏书·杨俊传》裴松之注引《魏略》：“王象字羲伯。既为俊所知拔，果有才志。建安中，与同郡荀纬等俱为魏太子所礼待。及王粲、陈琳、阮瑀、路粹等亡后，新出之中，惟象才最高。魏有天下，拜象散骑侍郎，迁为常侍，封列侯。受诏撰《皇览》，使象领秘书监。象从延康元年始撰集，数岁成，藏于秘府，合四十余部，部有数十篇，通合八百余万字。”《晋书》卷一九《礼志上》：“……又以今礼篇卷烦重，宜随类通合。”反映汉晋语言文字习惯的《三国志》裴注引《魏略》的说法，看来比较直接地贴近走马楼简（1）（2）（3）“通合”语义。

只是我们对这三则简文究竟体现了怎样的制度，尚未能明确。而简文中“收”的字义，也还需要继续探究。

二、“酒租”“酒租钱”“酒租具钱”

走马楼竹简出现可见“酒租”字样的简文，或许可以帮助我们了解当时孙吴政权对“酒”的管理。如：

（4）□□□□□□□□被书酒租县之常领□书□郭邑见民（1-6862）

（5）□中部督邮□□□□□县三年酒租□故市临湘别收责（3-2031）

（6）□□言入收市吏潘羜簿领酒租（3-2579）

（7）酒租人名收钱数（3-2636）

其中（5）“酒租□”，缺字有可能是“钱”。（7）“酒租人名收钱数”似可说明这种“租”钱是按人头征收的。又有“酒租钱”：

（8）入二年四月五日酒租钱二万嘉禾二年五月九日吏潘有（1-31）

（9）二月领酒租钱一万四千七百（1-4379）

（10）右领酒租钱四万四千一百（1-4418）

（11）三月领酒租钱一万四千二百 （1-5122）

（12）其□□□百二年酒租钱（1-5330）

（13）承正月旦簿余嘉禾二年酒租钱一千八百（1-5346）

（14）出三年酒租钱四万三千雇桓王（1-6037）

（15）□□言部吏唐王□□□收责酒租钱者入（1-6376）

（16）酒租钱有人言君叩头死（3-2075）

（17）右领□□酒租钱合二百八十五万五千五百廿九钱（3-7172）

（18）右领及收酒租钱二万（3-7174）

（19）金曹言五年酒租钱存□七千一百事……（7-803）

（20）五十一钱二年地僦钱十三万六钱二年酒租钱一万一千八百廿三钱二年鋘（8-206）

（21）□□□酒租钱二万二百卅六钱为具钱一万（8-218）

（22）出元年酒租钱十五万五千六百卌七钱为具钱三万三千三百遣吏（8-643）

（23）出元年酒租钱五万一千□百八十三钱为具钱（8-646甲）

□钱□九万四千□（8-646乙）

（22）（23）“元年酒租钱”、（13）“嘉禾二年酒租钱”、（12）（20）“二年酒租钱”与（14）“三年酒租钱”，以及（5）“□□县三年酒租□”、（19）“五年酒租钱”，似可说明“酒租”或“酒租钱”可能是按年征收的。

简（20）“二年酒租钱”与“二年地僦钱”并说，“五十一钱”文前缺文可能还有“二年某某钱”，也值得注意。

走马楼竹简又可见“酒租具钱”简文，例如：

（24）……酒租具钱（1-6039）

（24）凡四家一岁领酒租具钱十万二千（1-6365）

蒋福亚曾经分析“酒租具钱”：“‘酒租具钱’该如何理解呢？‘具’无疑是酿酒的器具，难道此时吴国为了增加财政收入，专门准备了一些酿酒器具，任凭民间租用，然后收取‘酒租具钱’吗？我们认为这不大可能。”他回顾“汉武帝时曾经推行的‘榷酒’‘榷酤’‘榷酒酤’”，又注意到王莽的榷酒措施：“私人酿酒作坊还是存在的，不过由官方提供酒材和规格，成品归官方，他可以分得酒糟之类及利润的十分之三。”“在王莽榷酒令中提出了‘工器’之类，这应是酿酒的器具。这类器具本来是酿酒作坊自有的，所以才会从利润中抽取补偿的费用。若模仿盐户必须租用牢盆制盐的办法，官方逼令酿酒者租赁工具然后酿酒如何呢？这岂非能更有效地推行酒类专卖吗？‘酒租具钱’估计就是这样产生的。”

这样的说法现在看来是可以商榷的。解释“酒租具钱”以为“‘具’无疑是酿酒的器具”，其说不妥。如果“具”是“酿酒的器具”，如若“专门准备了一些酿酒器具，任凭民间租用”，则“收取”的应当是“酒具租钱”而非“酒租具钱”。秦汉魏晋是否“酿酒的器具”称“具”，尚需考论。我们看到《三国志》出现“赍酒具”语，“酒具”是指饮酒器具。而饮酒器具通常称“酒器”。简（21）（22）（23）所见“出”“酒租钱”若干，“为具钱”若干，或许可以说明“酒租具钱”有可能是“酒租钱”和“具钱”的合称。

三、“收酒”与“付”“酒”

前引简（2）“千四百卅七斛一斗一升收酒七十五斛六斗四升五合通合一千五百一十二斛七斗五升五合”（8-4101），简（1）“盐一千四百卅七斛一斗一升收酒七十五斛六斗四升五合通合”（8-4102），简（3）“七斛一斗一升收酒七十五斛六斗四升五合通合一千五百一十二斛七”（8-4200）都说到“收酒”。“收酒”语意不明。《说郛》卷九四上朱翼中《酒经》说到“收酒”，但似乎指酿酒产业的工艺程序，与走马楼简文“收酒”似乎不相符合。

又有可能反映“付”“酒”的简例：

（25）年十月廿五日付•清所☐酒（？）史李含黄冯（2-7331）

推想此“付”“酒”也许与“收酒”形成对应关系。当然，这需要更多的材料予以证实。又如：

（26）年更☐筭钱一千二百留所市羊一头直☐千羊一头直千六百酒二千（8-217）

简文“所市羊一头直☐千羊一头直千六百”涉及“市”的交易过程中的羊价。而“酒二千”，或许也有提供物价史资料的意义。

四、关于“酒里”地名

西汉时为人熟知的命为郡名的“酒泉”，据说春秋时已经作为“周邑”名号。《左传·庄公二十一年》：“王巡虢守。虢公为王宫于玤，王与之酒泉。”杜预注：“酒泉，周邑。”《汉书》卷二八下《地理志下》“酒泉郡”条，颜师古注：“应劭曰：‘其水若酒，故曰酒泉也。’师古曰：‘旧俗传云城下有金泉，泉味如酒。’”可知汉武帝时代确定的“酒泉郡”地名明确与“酒”有关。也有以“酒泉”作为候名的情形。《汉书》卷二一上《律历志上》说到“酒泉候宜君”，颜师古注：“‘宜君’亦‘候’之名也。‘候’，官号也。故曰‘东南一尉，西北一候’。”候，也可以理解为军事防务设施。则“酒泉候”，也可以看作地名。《史记》卷一二三《大宛列传》：“敦煌置酒泉都尉。”所谓“酒泉都尉”，既是军事机构设置，也是“官号”，同时也有地名性质。

走马楼简牍出现的乡里名称，可以作为考察地名史的有意义的资料。其中有“酒里”名号出现，特别值得注意。如：

（27）酒里户人公乘李从年七十五（7-4850）

（28）酒里户人公乘蔡了年卅四刑足（7-4883）

（29）酒里户人公乘胡恨年五十四（7-6065）

这是直接以“酒”字单独命名地方的例证，与“酒泉郡”“酒泉候”“酒泉都尉”不同。

以“酒”为里名，或许可以体现酒业经营比较集中，已经成为当时城乡饮食业、商业发展的突出迹象。

类似于“酒泉”的地名，有“酒香山”。而“酒官水”“酒务泉”“酒务头”等，或许与对酒业施行控制的机构有关。“酒”直接用为地名者，则有“酒城”。虽说先秦古事，然亦见载于宋代文献。其他以“酒”命名地方的，如“酒店城”“酒店驿”“酒店镇”“酒铺江”“酒埠江市”“酒场垭镇”“酒坊桥”“酒楼”，均据年代较晚的方志文献。应当说，走马楼竹简所见“酒里”，在同类资料中提供了时代最早的酒史宝贵信息。而“酒里”以“酒”与行政单位称号组合构成地名，亦与其他情形明显不同。

五、“酒”作为人名用字

人名，是体现社会时代面貌的值得重视的信息。人名用字可以体现与经济生活有关的信息。高凯通过对《嘉禾吏民田家莂》的研究，已经发现“吏民名字多有与钱、布、粮等字眼相关者”，如糜、麦、谷、粟、仓、囷、困、肥、市、斗、斛、钟、买、布、帛、金、银、饶、裕、富、寿、浇、租等。其中困、肥、寿、饶等字是否与“钱、布、粮等”相关，似乎还可以讨论。走马楼竹简中的女子人名用字，也多有体现出经济色彩者，如“金”“银”“钱”等。命名为“泉”者，或许也与“钱”有关。从“贝”的字作为女子人名，也见于走马楼竹简，如“财”“贵”“卖”“赞”“贷”“贡”“买”“责”等。这些迹象，寄托着命名者财富增殖的祈望，或许也可以理解为妇女参与财务经营和管理的反映。汉代以来“织女”神话的风行，体现出“女织”这一社会生产职任的确定。所谓“一女不织，或受之寒”，“一女不织，或受其寒”，都说明了这一事实。《三国志》卷六五《吴书·华覈传》载录华覈上疏：“今吏士之家，少无子女，多者三四，少者一二，通令户有一女，十万家则十万人，人织绩一岁一束，则十万束矣。使四疆之内同心戮力，数年之间，布帛必积。”其说或许可以在认识三国吴地纺织业成就中妇女作用时以为参考。走马楼竹简中可以体现“女织”的女子人名用字，首先可以看到“桑”“帛”“麻”等。又多有从“糸”的字作为女子人名，如“糸”“絮”“紫”“罗”“绩”“绮”“丝”“纯”“绯”“给”“纪”“绞”“绢”“紊”“练”“络”“绵”“素”“细”“缘”“约”“缯”“纸”等。与田事有关的女子名字，则有“麦”“米”“禾”“豆”“仓”“佃”“甽”“田”“园”“稠”“秨”等。我们曾经就走马楼简牍资料进行女性人名分析，发表过初步的意见。现在随着资料的陆续发布，这一主题的学术考察获得了更好的工作条件。

我们看到以“酒”作为人名用字的情形。如：

（30）右酒家口食三人（1-5404）

（31）妻大女酒年十八筭一（1-10531）

（32）入东乡三年税米四斛五斗嘉禾元年十一月廿九日夫丘烝酒（？）付三州仓吏谷汉受中（3-3583）

（33）妻酒年六十五（8-81）

简（30）显示有以“酒”字为名字者。这或许体现了“酒”的生产与经营，成为社会分工类别，已经有职业标示性的影响。简（32）“烝酒（？）”，应是“东乡”“夫丘”一位姓烝名“酒”者的相关记录。这个特别的姓后来发展脉络不很清晰，但是当时在这一地区曾经有相当广泛的分布。

特别值得注意的，是（31）“妻大女酒年十八”及（33）“妻酒年六十五”两则简文透露的信息。一位老年女子和一位青年女子均以“酒”为名，或许反映了主持其命名的父家长辈对“酒”的嗜好，当然也不排除其家族经营“酒”的酿造与“酒”的销售的可能。

而秦汉魏晋时期女子直接从事与“酒”相关的饮食业服务的情形，人们都是熟悉的。如《史记》卷一一七《司马相如列传》：“文君夜亡奔相如，相如乃与驰归。家居徒四壁立。……相如与俱之临邛，尽卖其车骑，买一酒舍酤酒，而令文君当炉。相如身自着犊鼻裈，与保庸杂作，涤器于市中。”“当炉”，裴骃《集解》：“韦昭曰：‘炉，酒肆也。以土为堕，边高似炉。’”南朝陈徐陵编《玉台新咏》卷一有“辛延年《羽林郎》诗一首”，宋人郭茂倩编《乐府诗集》卷六三《杂曲歌辞三》收入，题《羽林郎》，作者署“后汉辛延年”。诗句讲述了霍将军家奴倚势“调笑酒家胡”的故事：“昔有霍家奴，姓冯名子都。依倚将军势，调笑酒家胡。胡姬年十五，春日独当垆。长裾连理带，广袖合欢襦。头上蓝田玉，耳后大秦珠。两鬟何窈窕，一世良所无。一鬟五百万，两鬟千万余。不意金吾子，娉婷过我庐。银鞍何煜爚，翠盖空踟蹰。就我求清酒，丝绳提玉壶。就我求珍肴，金盘脍鲤鱼。贻我青铜镜，结我红罗裾。不惜红罗裂，何论轻贱躯。男儿爱后妇，女子重前夫。人生有新故，贵贱不相逾。多谢金吾子，私爱徒区区。”“辛延年《羽林郎》”，被看作汉乐府的名篇，虽然是文学作品，但是可以看作社会生活情状的真实反映。

六、附论：汉印“多酒”人名

承北京大学历史学系熊长云见告，《印典》可见汉人名酒之例：“韩多酒印”，“郭多酒”印。“多”的直接字义是“数量大”。《说文·多部》：“多，緟也。从緟夕。夕者，相绎也，故为多。”段玉裁注：“‘緟’者，增益也，故为‘多’。多者胜少者，故引伸为‘胜’之称。战功曰‘多’，言胜于人也。相‘绎’者，相引于无穷也。抽丝曰‘绎’。‘夕’‘绎’叠韵，说从重夕之意。”人名“多酒”，是说拥有酒的“数量大”，还是说酒业经营之“增益”，抑或是“多”“引伸为‘胜’之称”，或指酒量即酒精耐受力之“胜于人”呢？现在我们并不十分清楚。但是“多酒”作为人名，毕竟是酒史与酒文化研究的重要信息。

以正史所见“多酒”为例，《宋书》卷八三《吴喜传》：“身经临敌，自东还，失喜意，说超之多酒，不堪驱使，遂相委弃。”《北齐书》卷一〇《高祖十一王传·永安王浚》：“文宣末年多酒，浚谓亲近曰：‘二兄旧来不甚了了，自登祚已后，识解顿进。今因酒败德，朝臣无敢谏者，大敌未灭，吾甚以为忧，欲乘驿至邺面谏，不知用吾不。’”《南史》卷六三《羊亮传》：“为人多酒无赖，酒醉为阉竖所杀。”所谓“多酒”与“不堪驱使”“败德”“无赖”连说，显示贬义。“韩多酒印”与“郭多酒”印用为人名，大概不取此义。

又《旧唐书》卷一三七《赵博宣传》说赵博宣事迹：“登进士第，文章俊拔，性率多酒。”此“多酒”则显然为褒义。推想汉代人名用“多酒”字样，或许接近这一意义。

“多酒”的语义，可能还需要认真探讨。而走马楼简所见人名直接使用“酒”字，亦是突出体现“酒”与社会生产和社会生活密切关系的极宝贵史料，值得研究者珍视。

本文撰写得到北京师范大学古籍与传统文化研究院徐畅和北京大学历史学系熊长云的帮助，谨此致谢。

从里耶到国博再到长沙：在更广阔的空间里理解历史与时间

潘守永
上海大学特聘教授、伟长学者，里耶秦简博物馆名誉馆长，湘西州博物馆理事长

当代博物馆学把展览看作一种文化现象和文化过程（包括仪式过程），伊万·卡普和斯蒂文·拉文主编的那本著名的关于跨文化语境中博物馆展览解读的著作，直接命名为《展览文化：博物馆的诗学和政治学》，可见在诸多国家和地区的博物馆传统中，展览被认定为一种文化形态。[1]展览是博物馆的主要表现形式，即主要的产出形式，也就是所谓的博物馆核心产品。那么，展览当然是文物展品在空间里的再组织，也是一种历史的叙事方式以及文化的再现（表征）。中国学术语境中，博物馆展览更倾向于被认定为一种历史再现和历史“书写”，也就是习惯上说的“用文物和各种辅助手段呈现历史”。当然，历史书写也是一种文化书写形式。[2]“让文物活起来”，最主要的形式就是借助博物馆语言和场景，让今天的人们能够认识文物、理解历史。从这个意义上看，博物馆展览是连接历史与当下的最主要的方式和手段。

作为湖南里耶秦简博物馆的一员和龙山县“永久市民”，我个人的学术历程与里耶博物馆有极为不平凡的关系。这里，我把里耶秦简主题展览三次走出湘西，即分别走进秦始皇帝陵博物院、中国国家博物馆和长沙市博物馆，作一个简要的概括和梳理，讲一讲其中的区别和联系，同时尝试讨论一点理论问题。

一、到秦始皇帝陵博物院做展览：寻找历史与现实的联结

里耶秦简博物馆的建立源于一次偶然的考古重大发现。2002年4月，湖南省重点工程碗米坡水电站动工建设。为了抢救淹没区的文物，湖南省文物考古研究所、湘西州文物局（文物考古

1 Ivan Karp & Steven Lavine eds., *Exhibiting Cultures: The Poetics and Politics of Museum Display*, Smithsonian Institution Press, 1991 .

2 朱渊清：《书写历史》，上海古籍出版社，2009年。

所）组建考古队，由张春龙、龙京沙负责，进驻龙山县里耶镇，经过勘探调查，在里耶中心小学校园内发现了一座秦代古城。[1]进一步的考古发掘揭示出一个隐藏甚久的历史秘密：这里曾经是秦代的一个县衙——迁陵县衙。湘西位于武陵山片区的腹地，毗邻贵州铜仁、重庆的酉阳（过去的川东南）、湖北的鄂西，是土家族和苗族聚居区，所以湘西的行政建制是土家族苗族自治州，宋朝到清朝的历史时期这里属于土司“自我管理”。在2000多年前的秦代，今天的里耶是迁陵县的衙署所在地。这座城最早是战国时期的楚国所建，曾经是秦楚争霸的战略要冲，后来到秦汉时期一直被延续使用。从考古发现的已知线索看，里耶周边另有两座古城，分别属于西汉和东汉，也就说里耶作为早期城市中心其延续的历史还是很长的。在秦代古城遗址中，当时衙署内的一口水井里即一号水井（共有6处古井，其余水井按照文物保护要求做了就地保护，等待进一步的考古工作才能揭示是否也存在简牍之类的文物），38000枚简牍惊天出世，它们是秦王朝迁陵县官署的文书档案，时间从秦王政二十五年（前222）至秦二世二年（前208），内容包括秦代县政的方方面面，总字数达20多万。同时出土的秦代以及两汉的文物也多达2万余件。根据以往历史学、考古学的研究，里耶秦简至少具有以下重要意义和突出价值：

第一，“北有西安兵马俑，南有里耶秦简牍”，和兵马俑媲美的秦代考古大发现，系统填补了秦代县政微观上如何运行的历史空白，对理解大一统的帝国行政体系具有突出的重要价值。

第二，填补《史记·货殖列传》《汉书·地理志》的相关记载空白。历史地理的文献与秦简里反映的迁陵县、洞庭郡等情况不符，可知地理沿革变化较大，历史记载阙如。

第三，迁陵县户籍数目的意义值得重视：一是秦代将人口作为国家的“最大资源和财富”，二是迁陵县人口户数大于后期的长沙如何理解。

第四，里耶秦简的文书价值和书法价值。

当然，这批简牍的出土，最直接的议题是里耶所在的湘西在历史上的地位如何重新认识的问题。一直以来，里耶是一个名不见经传的小镇，假如没有秦简的大发现，这个古镇仍然是默默无闻、寂寂无名的样子。秦简发现以后的十年里，在当地建设了里耶秦简（古城）博物馆，在考古遗址（秦代县衙）上建立国家考古遗址公园，并成立了副县级的里耶管委会。在全面整体保护的基础上，围绕历史文化遗产主题，深度挖掘，遗址公园重点是“原状保护与考古成果展示”，博物馆则以系统构建“大秦迁陵”的历史构成其基本陈列，二者互为补充，形成良性互动。考古遗址公园带领观众走进历史的“第一现场”，但对于中国的“土遗址”大多数人难免有看不懂的问题。博物馆的展览则尽量采用“通俗化的”博物馆语言，用实物和各种辅助手段，让观众看懂，有收获。这个展览由湖南省博物馆的专家领衔把关，李建毛等亲自参与，用消失了的历史县名“迁陵”作为标题，给观众一个历史探寻式的视角，希望通过参观展览来缅怀里耶乃至湘西在历史上的曾经辉煌。里耶毕竟是一个偏僻小城，交通不便，每年专程来这里参观的游客最多不会超过40万人，因此需要将这个重要的文化遗产在更广阔的地理范围和人群中去推广。

1　湖南省文物考古研究所编著：《里耶发掘报告》，岳麓书社，2007年。

2015年，经与秦始皇帝陵博物院协商，决定在该馆举办一个里耶秦简主题展览，后定名为“破译秦朝：里耶秦简中的帝国真相”。这个展览果然引起了轰动，一个月的时间里，累计观众超过120万人。展览策划除了彭成刚、彭文和我本人全程参与外，邀请到胡平生、孙家洲、王子今、刘绍刚、雷虹霁、张春龙等做顾问，邀请中国人民大学刚刚留校的年轻教师张中伟参与展览大纲文本的撰写，保证学术质量的同时，希望能够跳出学科的制约，以考古学、文献学为基础，整体上回归到历史学的学术脉络，即秦简揭示怎样的秦史谜题。

当时我们都说，这个展览也是一个“工作汇报”展览，一是秦始皇帝陵博物院是我国博物馆的国家队，在各项工作中均是“领军团队”，里耶秦简（古城）博物馆还是一个新兵，在工作规范和创新等等方面，都需要跟“秦俑馆”学习，我们也希望“秦俑馆”能大手拉小手，帮扶里耶秦简（古城）博物馆；二是迁陵县为秦朝中央所设立，洞庭郡迁陵县通过这个展览也是来给“中央政府”述职来了。在彭文的策划下，“秦俑馆”将2号馆旁边的临展厅全部拿出来举办这个展览，这里诞生过“真彩兵马俑”等著名展览。

展览在内容上和形式上有诸多创新，篇幅所限这里不展开讨论。需要特别指出的是，彭文主任主张技术与展览内容的统一，好的内容一定要通过好的艺术形式和手段呈现出来，这和我们的想法高度一致。我们在世界范围内看过各种各样的好展览，展览新技术和艺术的应用非常重要。这个展览对空间布局、流线以及展柜、灯光等等，都作了最细致的反复研究讨论。如展览标题、部分和单元的说明文字，直接印刷在处理过的白色墙面上，文物的说明也尽可能印刷在展柜玻璃上。这对展厅墙面、展柜玻璃的技术要求，都提高了，也大大增加展览成本，好在“秦俑馆”有此实力，将成本核算作为第二位的考虑，而将展览内容和艺术的最佳融合和效益作为第一位的目标。这让我们非常感动。展览按照国际标准，设置了文创区，里耶博物馆的文创以及新开发的文创产品也大受欢迎。

当时，影视作品《芈月传》盛行，大江南北街谈巷议中，均是芈月故事、秦楚关系。里耶秦简也因此意外成为普通百姓关注的议题。影视作品的特色是“捕风捉影”，追求对历史故事的最大艺术渲染；历史作品（包括博物馆展览）的最根本要求（底线），是还原真实，让文物自己说话。但两者并非“势不两立”。有意思的是，《芈月传》的历史学顾问也是王子今教授。各地宣传部门和大学等纷纷邀请王教授讲课，王教授刚好利用这些机会介绍里耶秦简的学术发现。

因此，“破译秦朝：里耶秦简中的帝国真相”成为里耶秦简（古城）博物馆第一个走出去的第一展览。

二、到国家博物馆做展览：讲述里耶小城的故事

经过近半年多的策划，在中国民族学人类学联合会博物馆文化专委会的全力支持下，2019年8月6日“小城故事：湖南龙山里耶秦简文化展”终于在中国国家博物馆开幕。本次展览共展出210件（套）秦代文物，以175件里耶秦简为主体，其中有40余枚秦简是首次对外公布，国家博物馆“配备”了以阳陵虎符、始皇廿六年铜诏版、云梦“编年纪”竹简（又称大事记）等为代表的

35件（套）馆藏秦代文物，使得展览的内容更为丰满，更符合“国家水平”展览的气质。

展览按照四个部分的框架进行设计，即秦城（发现迁陵）、秦人（秦民生活）、秦政（王朝县政）、秦朝（一统之制）。[1]以往的展览中并没有突出秦朝统一的“国家大势”，主要是围绕里耶秦简的内容，限定在“县政”的小圈子。本次展览因为有国家博物馆馆藏文物的“加持”，呈现作为整体性的“秦朝”就有了更充分的依据。同时，在国家博物馆这样的国家历史殿堂中举办展览，历史的“大局观”似乎是所有参与策划展览人员的文化自觉，这是在里耶秦简（古城）博物馆中举办展览时所不曾意识到的。在秦始皇帝陵博物院的展览虽然关注到迁陵的设置也是秦政治的一部分，但“一统天下之制度”也没有作为重点单元。主题展览策划的立意与场所是必然有联系的，这个似乎是策展人的某种文化自觉。

本次展览的另一点亮点是，把历年来各界专家对于里耶秦简发现和意义的学术评价进行了系统展示。这些评价主要有：“里耶秦简是21世纪最重大的考古发现之一，其学术价值足以与敦煌文献、甲骨卜辞媲美。”（李学勤，清华大学教授、夏商周断代工程首席专家、历史学家）“里耶古城的发掘和秦简的出土，是中国考古学最为重要的发现。这次发现怎么估计也不会算高的。随着考古的深入，研究的深入，我们看不到的价值就会越来越高。在全国来说，也是头一次发现了一个秦代的古城。”（张忠培，原故宫博物院院长、考古学家）“里耶的考古发现，不亚于殷墟甲骨。”（朱凤瀚，北京大学教授、原中国历史博物馆馆长、历史学家）“里耶秦简非常具有系统性，它将填补以前在秦史研究方面的空白。”（沈建华，清华大学教授、历史学家）“里耶秦简展示的是当时人们具体的生活情况，是完整的秦人生活状态，它将改写秦代的历史。”（邹衡，北京大学教授、考古学家）“里耶古城出土的38000余枚秦代简牍、为解析帝国时代国家基层政治统治中心、经济管理中心、军事控制中心的‘县城’，提供了极为丰富、全面、科学、宝贵的考古资料、这在中国考古学乃至世界考古学上都是十分罕见的。”（刘庆柱，原中国社科院考古研究所所长、考古学家）这些专家评语像是奖给里耶秦简的“奖状”，每一条都会被观众细细品读。

里耶秦简主题展览走进中国国家博物馆，原本只有两个月时间，由于观众热情高涨，只好延期两周。对于里耶博物馆乃至龙山县而言，这都是一件具有标志意义的里程碑事件。第一，展览举办的时机，刚好在中华人民共和国成立70周年大庆前的两个月，恰逢国庆“十一”阅兵重大历史时刻，使得参观“小城故事”展览的观众人数，达到150万之多。第二，作为县级博物馆在国家博物馆举办主题展览，这是第一次，具有某种示范和引领的意义。第三，采用的“合作形式”是国家博物馆对口湘西进行“文化扶贫”，是国家博物馆为深入贯彻落实习近平总书记关于“精准扶贫”的重要思想，推进文化扶贫、践行展览扶贫理念的首次尝试，开创了与县级博物馆共同举办专题展览的先河。里耶秦简成为牵引龙山的文化品牌，展览期间龙山县在京举办了旅游推广、招商引资与推介会议，作为展览的配套活动。里耶秦简的影响进一步扩大和增强，本次展览

1　中国国家博物馆、湖南省文物局编：《小城故事：湖南龙山里耶秦简文化展》，中国国家博物馆，2019年。

仅接待国家部委领导就达20多次，他们均对此展览盛赞有加。

同步进行的观众调查获得以下重要信息[1]：

第一，观众总数为152万人次，外省观众为51%，此前不知道“里耶”的人为58.03%；

第二，观众中接近72.8%的人一年之中参观博物馆3次以上；

第三，因“兴趣爱好”和“学习的目的”参观的观众，超过32%（目的性极强）；

第四，观众中81.9%的人对于历史考古类展览更感兴趣；

第五，喜欢自主参观为71.1%（自主学习能力强）。

通过系统性的观众数据，我们知道“书法爱好者”是本次展览参观人群中最值得关注的人群，也是过去所忽略的，他们通常是有组织的、多次参观。本次展览吸引全国乃至世界不同地区的书法爱好者，不远千里来一睹“里耶秦简”，甚至中国书法家协会主席、副主席等专门来参观。过去在举办里耶展览过程中，一直将里耶秦简作为历史遗存信息，更关注其背后的考古学、历史学和文献学的价值意义，没有从书法历史的角度认识里耶秦简，这是需要在以后的展览加以注意的。

三、从里耶到长沙：在更广阔的空间里，理解历史与时间

本次长沙博物馆和里耶秦简（古城）博物馆联合策划的“从里耶到长沙”展，别出心裁，用里耶出土的文物和长沙出土的文物进行“对话”，将两地连接起来，用地域和空间维度呼应秦代历史主题，具有“在更广阔的空间里，理解历史和时间”的意义。

展览的创意和主线主要是长沙博物馆主持和主导的，李历松副馆长是最核心的创意总监。里耶古城虽然发现了这么久，其实相当一部分的长沙人还不知道里耶秦简，更不了解里耶秦简的意义。如何将里耶与长沙联系起来，引导观众从当下的地理和空间上的关系，认识和理解历史和时间的议题，这是一个非常具有话题意义的展览策划。长沙是古今延续的城市，近代以来成为湖南省省会，在今天的“城市文化版图”中具有突出的个性、文化地标意义和“娱乐之都”美誉。里耶作为湖南的一个边陲小城，单就其名字来说，就已经显示出它与中原主流文化的距离。在很长一段历史时期内，它都是那样的籍籍无名，如果不是数万余枚秦简的出土打破了这座小城的安宁，当年酉水河畔的那些繁华往事就难以重现。今天，两地的落差仍是巨大的，一个是人口近700万的省会大都市，一个是人口3万左右的小镇。这个展览就是促使人们去思考时间的流失和空间格局的变迁。

大家可以设想一下，如果前述两个展览也按照“长沙展”分别修改为“从里耶到西安（临潼）”和“从里耶到北京”，显然也可以成立，但没有“从里耶到长沙”更具有冲击力。兵马俑所在地的行政区划今天属于西安市临潼区，战国时期属于栎阳，秦设郦邑，汉高祖时改为新丰，

1　中央民族大学、里耶古城（秦简）博物馆、北京博物致知科技信息研究所编：《“小城故事——湖南龙山里耶秦简文化展”观众研究报告》，2019年。

唐改为庆山县，北宋改名临潼。不仅名称来回更改，地望也屡次变更。所以，使用“从里耶到西安”的展览名称很难准确表达出展览的创意。北京在历史上的变化也很大，早期是燕国的都城蓟（位于北京西南），此后有南京、燕京、中都、北平、北京等名称。用“从里耶到北京”作为展览名称，历史的厚重感也会大打折扣。只有长沙是不同的，自古而今几乎没有更名，而且城市核心区也基本没有改变。两座古城空间格局的对比，也更具有意义，就一般观众而言不仅能建立认识里耶的新角度，也能从里耶的视角重新认识长沙，对于长沙人而言也是新奇的。这个展览自然获得业内的高度认可和大众的喜爱。

同期进行的“平天下：秦的统一”展与“从里耶到长沙”展构成了平行展，平行展的做法也是以往各馆所不曾尝试过的。“平天下：秦的统一”是秦始皇帝陵博物院主创的秦史大展，展览不仅大气，也相当霸气，获得2019—2020年度的全国十大精品陈列奖，有相当高的知名度。[1]对长沙博物馆来说，引进这个全国大展其实也是一种很大的挑战，自己已经策划了一个秦代主题展，还要再引进一个同类主题的考古文物展览吗？观众会不会“审美疲劳”？而事实是，两个展览相得益彰，互为补充和衬托。当两个展览齐聚长沙博物馆的时候，博物馆的展厅似乎已经成为秦帝国的“历史文化展示中心”了。

秦朝的统一对于中国历史而言太重要了。秦始皇二十四年（前223），秦灭楚。次年，王翦平定江南。前221年秦始皇统一东方六国，建立起了中国历史上第一个大一统的帝国王朝。前207年秦朝灭亡。大秦帝国命运多舛，似乎转瞬即逝，但其所确立的国家治理制度，也就是“秦制”，被后世历史学家、政治学家称为“中央集权政治制度”，却得到延续，对此后2000多年的中国产生根本性的影响，某种程度上也决定了中国历史和文化的格局与面貌。秦史研究的整体性推进，主要得益于考古和地下文献材料的新发现。20世纪五六十年代以来，秦都咸阳城、秦始皇陵等考古工作的展开，特别是70年代秦始皇陵陪葬兵马俑的发现，有力地推进了秦史的多方面研究。而秦朝简牍文献的系列新发现，将秦史研究推进到一个崭新的阶段。1975年湖北云梦睡虎地1000余枚秦简的出土，不仅令失传2000多年的秦律重见天日，其他诸如《日书》《编年记》等对于深入了解秦代历史及社会生活都具有重要价值。此后的数次秦简出土，每一次均能带给人们对秦代历史的崭新认识。迄今为止，出土文献已经成为秦史研究的主要史料来源，而有些新发现可以说是改写了秦朝的历史，这其中最为重要的当属震惊世界的“里耶秦简”。

因此，“平天下：秦的统一”展是一个更为粗线条的整体性勾画，需要“从里耶到长沙”展的细部描摹来呼应。同样，当两个展览并置，在这特定的历史场景中，观众会对比着看展览，思考着里耶所发现的迁陵县和长沙发现的“长沙城”（为了系统理解长沙，展览把历史长度一直延伸到汉代），在秦并天下的格局中，的确又具有了不一样的意义。

1　秦始皇帝陵博物院编：《平天下：秦的统一》，西北大学出版社，2019年。

四、余论

里耶，在我们今天看来依然觉得比较偏远，为什么偏偏就在这里发现了这么多秦朝的文书？这就必须要在更广义的历史时空中才能获得答案。

事实上，古城和秦简的发现都比较偶然，但长期在这里从事考古调查和发掘工作的龙京沙先生从他扎实的考古经验出发，一直都有那种在湘西酉水河一定会有重要考古发现的直觉，所以，他一直都没有停下寻找的脚步。如果从更宏观的中国历史地理和政治经济学角度分析，在这里发现秦简也是情理之中。里耶古城处于湖南省最西部，湘、鄂、渝、贵四省市交界，武陵山区腹地，陶渊明笔下的世外桃源、沈从文笔下的迷人湘西，都在这个区域。洞庭湖水系中沅江的最大支流酉水河从古城遗址东面流过，这里山高路险，峡谷幽深。这是典型的“二级台阶”，也就是生物多样性非常丰富的地方，也是适合人类居住的区域。这里连接着两个最重要的农业中心四川盆地（成都平原）和江汉平原。大武陵山区资源丰富，是朱砂的集中产出地，朱砂伴生汞矿，也是战略性物资。朱砂是一种棕红色的彩石，在中原文化中具有重要地位。新石器时代的先民就以它做颜料，早期墓葬里可见朱砂作为“仪式用品”的普遍性，如涂朱砂的面具、青铜器和玉器等等。武陵山区出产桐油，直到民国时期，这里的桐油还沿着水路被运送到江浙地区。从里耶秦简的文字记载中，知道这里曾种植漆树，是漆器的主要生产地之一。从语言上，我们更看到武陵地区与中原地区的密切关系。今天湘西、鄂西一带讲的话属于汉语西南官话系统，与四川、重庆、贵州一带的方言很接近，与北方话相通，而长沙、武汉一带，今天被认为很中心的地区，讲的却是本地土话。从中国古代交通史的研究中知道，古代南北交通的干线，历来主要有两条：一条从宝鸡往南穿越秦岭，这就是我们所熟悉的蜀道；另一条是从洛阳往南经嵩山少林寺，到南阳，到襄阳，到夷陵（今宜昌），然后分岔，一路沿长江上溯进入四川，一路继续向南往鄂西、湘西，进入贵州、云南[1]。交通线路是历史大趋势的某种反映，也影响了中国基本语言层的形成，看起来很偏僻的西南地区却处于重要交通线路上，其语言作为社会文化的底层起到了类似活化石的作用。由于长期受“湖广填四川”认识的影响，对于汉语方言的认知也采用“横向分析”（东西关系），而忽略了历史发展的“纵向格局”（南北关系）。如三国时期，南阳—襄樊比夏口（武汉）更具有战略意义，从今天的空间地理格局是无法理解的。

即便我们在更广的空间里理解了时间，但历史的失忆仍然是一个难解之谜。无论如何，迁陵县、洞庭郡都是秦朝赫赫战功的代表和象征，为什么这样一个重要的地方却在史书记载中找不到丝毫痕迹呢？如果不是这三万多枚秦代简牍和这座古城，我们甚至都不会知道秦代迁陵县和洞庭郡的存在。秦朝还有哪些历史之谜等待考古学家去发现？

1 王子今：《战国秦汉交通格局与区域行政》，中国社会科学出版社，2015年。

湖南简牍书法品鉴五则

陈松长
湖南大学岳麓书院、贵阳孔学堂

一、湖南保存最完整的两枚战国竹简——常德夕阳坡楚简

湖南是全国最早发现楚简的地方，也是发现简帛数量最多的省份，但不无遗憾的是，湖南所出土的楚简却数量有限，且保存状况都比较差，诸如20世纪50年代发现的长沙五里牌406号楚墓竹简、长沙仰天湖25号楚墓竹简和20世纪80年代发现的慈利石板村楚墓出土的竹简，保存状况都很不理想。慈利楚简曾号称出土了4000多枚，其实也就4000多片残简而已，完整的简基本没有。应该说这种状况一直没多少改观，只有1983年湖南常德夕阳坡楚简的发现，才多少填补了湖南没有完整楚简出土的遗憾。

1983年冬天，湖南省文物考古研究所和常德市文物考古工作队一起在常德市德山区的夕阳坡发掘了一座战国古墓，该墓为比较典型的楚式木椁墓，椁室内分为棺室、头箱和边箱三个部分，均保存得比较完好，共出土了随葬器物40余件，其中较有代表性有鼎、敦、壶、豆等陶器和漆器、漆笥等，这方面的材料可参看杨启乾先生的《常德市德山夕阳坡二号楚墓竹简初探》（载《楚史与楚文化研究》，《求索》1987年增刊）一文，这里我们主要介绍一下椁室中出土的2枚珍贵楚简。

一枚非常完整，长68厘米；一枚简首稍残，基本完整，长67.5厘米；简宽1.1厘米。简上的墨书文字清晰可见，一枚简上写有32字，一枚写有22字，两简文字上下相连，内容完整，经研究，这是一份以楚王之命赏赐越涌君岁禄的诏告文书。

简文一共才54个字，为方便解读，且录如下：

简1：越涌君赢将其众以归楚之岁，□□之月，己丑之日，王居于戚郢之游宫，士尹□王

简2：之，上与昭哲王之愄（戚），倍迅尹部逯以王命赐舒方御岁禄。

“越涌君”是越国甬东地区的封君，“赢”是其名。“归楚之岁”即归顺楚国之年。“之

月”前面两个字都很清楚，一个是上刑下田，一个是从尸从示，这本是楚历中常见的月名，因需要造字，这里且用方框表示。“戚郢”是楚国的郢都之一。“士尹”，官名。“郘逯”是“迅尹”之名。“御”当是人名，或以为是皇帝所赐的专名。

简文中的人名、地名和年代等问题曾引起过热闹的讨论，如“越涌君”到底指谁？就有不同的意见，刘彬徽先生认为是越地的一位小君主，而何琳仪先生则认为“涌”就是“甬”，是楚国越地甬东一带的封君。再如“舒方”的“舒”，何琳仪先生就认为它与传世先秦典籍中的舒国有关，其所辖的范围大致在长江安徽段的南北之间。而“越涌君归楚”一事，李学勤先生推断其年代大约是楚怀王二十二年（前307），陈伟先生则认为其年代在楚悼王末年至楚肃王（在位期间为前380—前370年）初年。尽管这两种推断有70多年的差距，但其时代确定在战国中晚期是没什么问题的，而其简文的内容涉及楚与越国、舒国之间的关系，这尤其引起楚史研究专家的关注。

简文的大致意思是：在越涌君率领部众归属楚国的这一年四月己丑这一天，楚王居于戚郢的游宫内，士尹侍王左右，为宣扬楚王的声威，借命迅尹郘逯以王的名义赐给舒方一岁的俸禄。

也许因为是诏告文书，故其简文的书写相当的沉稳和工致，基本没有仰天湖楚简那样大小随意、自由灵动的痕迹，而是非常工整地书写，其横画虽也一样向右上斜耸，但其笔画都是很安稳地重入轻出，或者说是顿入尖收，如“方”字中的三笔就是这类很典型的笔法代表，其他诸如“之”“岁”“王”字等，都是这种笔法，而这也是战国楚简的重要笔法之一。

我们说这两枚简的文字写得沉稳工致，还表现在其布局方面，首先是其文字的大小都在有效的控制之中，除了笔画和组件特别多的“涌”“赢”等字外，其他都相对工整地控制在基本相同的大小范围之内，如“归楚”二字，放在笔画很少的“以”字、“之”字中间，也不显得特别硕大，而是安然相处，协调一致。其次是文字的空间布局相当宽绰，字与字的间距大致是一个半字左右的空间，这种宽松的文字排列，如果没有比较沉稳的文字书写，一般会松散而气不通贯，但这两枚简在这方面处理得相当有序，故整体上有一种雍容大度、安静沉稳的静穆气象。

二、里耶秦简中的一份上行文书——“卅年九月丙辰朔”木牍

里耶秦简中有文字的简牍多达17000余枚，其内容大都是秦代迁陵县的行政和司法文书，这些文书一般可分为上行文书、平行文书和下行文书三大类。所谓上行文书就是向上一级行政主管部门递送的文书，这种文书的行文多有比较固定的用语和格式，如“敢言之”就是上行文书中最常见习语；平行文书则是平级官署之间所传送的文书；下行文书则是发往下属机构的行书，如郡发往县道、县道发往乡亭的文书就是这一类。这里，我们仅从里耶秦简中选取一件保存良好、字迹清晰且很有书法个性的上行文书来略作赏介。

这件文书就书写在一块木牍上，牍长22.5厘米，宽3.5厘米，除木牍下方有裂缝之外，保存相当完整，正面四行文字，背面一行文字，其如下：

981：

（正）

卅年九月丙辰朔己巳，田官守敬敢言之：廷曰：令居赀目取船，弗予，谩曰亡，亡不定言。论及讂问：不亡。定谩者訾，遣诣廷。问之，船亡审。沤枲，乃甲寅夜水多，沤流包船，船系绝，亡。求未得，此以未定，史逐将作者氾中，具志已前上，遣佐壬操副诣廷。

敢言之。

（背）

九月庚午旦佐壬以来丿扁发 壬手

木牍的起首是记具体时间，即“卅年九月丙辰朔己巳”，“丙辰朔”就是九月的朔日（九月一日）是丙辰日，“己巳”则是九月十四日。

“敬”是“田官守”的名字，“田官守”是官名，“守”是临时代理摄政，“田官守”即负责县官田管理的官员。

“目”是人名，“居赀”是一种徒隶的专称，即用居作来赎债的徒隶。

“谩”，欺骗。“定”确定。“论”是法律术语，即引律定罪为论。“讂问”即审问探求。

“沤枲”浸泡粗麻，“沤流包船”即浸泡的粗麻连船一起漂没。

“逐”“壬”“扁”都是人名，“副”即文书的副本。

“将作者”，或以为“将”是率领，“作者”即劳作者，指居赀劳作的“目”这些人。或以为“将作”即汉代“将作大匠”的“将作”，是一种匠人的专称。

“氾中”，或认为“氾”是地名或水名，或以为“氾中”就是人名。

“发”，打开。“手”，经手。或以为是抄写的意思。“981”是这块简牍的编号。

这份上奏文书的大致意思是：

秦始皇三十年九月十四这一天，田官守敬报告：县廷说：令居赀赎债的徒隶目取船，他不给，并谎称船丢了。但船丢哪不确定。经讯问，船没有丢，故定其说谎，要赀罚，将其遣送县廷处理。经审问，船确实丢了，是因为在浸泡粗麻时，甲寅这天晚上发水，浸泡的粗麻和船一起漂走了，后来系船的绳子断了，船不知漂到哪去了，他去找过，没找到，故以此未定。史逐和将作氾中已将这些内容具体记录在前面的文书中了。现派遣史佐壬拿着副本去县廷。特此报告。

九月庚午（十五日）早上由史佐壬带副本过来，由扁这个人打开，壬是经手的人。

这虽然是一份秦代迁陵县常见的司法文书，但其文字的书写却很有自己的个性特征，与常见的那种以方笔为主的秦简文字大异其趣。

在笔画上，其横画多带有向右上斜耸而中间拱起的弧度，收笔时多向右下回锋提笔，形成一定的圆转度，如“不”字的第一横、“言”字的第二横都很有代表性，而“年”字、“之”字的最后一笔，更是这种笔法的夸张表现，有一种舒展恣肆的态势。其折画则多先向右上斜耸，然后圆转而下，如“官”“守”“定”等字，都是如此，其中“月”字更是借助这种特殊的圆转折笔，将字形都变成了左低右高的特殊形态，富有个性。

在文字的构形上，大小自由组合，有特意压缩者，如第二行的“廷”字就压缩为一个扁方形，与第一行和第三行中那两个纵向取势的“廷”字构成鲜明的对比。又，第二行起首的那个“謏”字，本来字形就比较长，为了控制其长度，书写者竟特意将最后的捺笔写成了向右上提的横笔。当然，也有特意将字形拉长者，如第三行的“以”字，本是一个左右结构的扁形字，但其左边的“口”拉得很低，右边的“人”却写得很高，两者竟被写成了一个上下相连的组合，而这也就在无意中拉长了这个字所占的空间。

此外，第三行中“将作者”三字的大、小、大组合，“具志已”三字的小、大、小组合，都是很值得玩味的文字组合关系，至于最后一行，由于所留空间较大，故抄写者将“敢言之”三字大写，这种特殊的章法，既可补空，又可跟右边的三行形成疏密大小的对比，这无疑也是一种不经意中产生的章法效果。

三、马王堆医简中的书法上品——《合阴阳》

20世纪70年代初期发掘的长沙马王堆汉墓迄今仍是中国考古学史上最著名的考古发现之一，湖南省博物馆也因为其收藏和展示马王堆汉墓出土文物而蜚声海内外，成为名副其实的最富有历史内涵的文化地标和长沙名片。

马王堆汉墓其实是一个墓葬群，它是由一号、二号、三号汉墓共同组成，其中一号墓是最早发掘的墓，故编号为一号，这也是出土了千年不朽女尸，而且是规模最大的一个墓。二号墓是长沙丞相轪侯的墓。三号墓则是在发掘一号墓时才发现的第二代轪侯利豨的墓。三个墓葬中，除了二号墓早已朽塌，文物多已朽坏之外，一、三号墓都保存完整，出土了3000多件套珍贵文物，其中最大宗的如漆器、纺织品、帛书、帛画等，都是2100多年前的重要文物精品，凡是参观过湖南省博物馆的人可能都印象深刻，难以忘怀。

其实，马王堆汉墓出土文物除了上列大宗的文物精品之外，还有许多内涵丰富的文物品种值得大家去仔细品味，如并不是很抢眼的马王堆三号汉墓出土的医简就是其例。

马王堆医简一共有200枚，保存完好，经整理，大致可分为四种，即《十问》《合阴阳》《天下至道谈》《杂禁方》，其中前三种为竹简，都是房中养生类的西汉早期的文献抄本。后一种为木简，内容为巫诅禁祝类文献节抄。

竹简《合阴阳》的形制和书体在三篇房中养生文献中比较特殊，也最有书法趣味。这组简共32枚，在形制上，简长22—23厘米，简宽1.1—1.2厘米，是这批房中养生类医简中长度最短而宽度最大的一种，也许正因为其简幅较宽，故抄写者能游刃有余地运笔，能自由舒展地构形组合，故其书体也最舒展而最具有艺术趣味。

《合阴阳》的内容主要讲房中养生的技巧，因篇首有“凡将合阴阳之方”语，故整理者按照古书定名的体例，取第一句话中的几个字，将其称名为《合阴阳》。其实，如果从全篇内容来看，应该是“合阴阳方”才更准确，“方”的意思与马王堆帛书“五十二病方”中的“方”相近，也就是方剂、方法的意思。

《合阴阳》全篇分为八节，第一节简述合阴阳的过程，第二节讲“十动”，第三节讲“十节”，第四节讲“十修”，第五节讲“八动”，第六节讲“五音”，第七节讲合阴阳的益处，第八节讲“十已之征”。简文高度概括了男女合阴阳过程中的技巧和特征，与《天下至道谈》的内容大致相同，可以互补。

《合阴阳》的简数不多，一共才32枚简，但其书写特征明显。

首先，书写者颇能伸展自如地将刚柔不同的笔画有机地糅合在一起，如其横画的书写，虽也如马王堆一号墓遣策一样，讲究方起尖收，如“上”“下”“一”“节”中的横画，劲道十足，但在其他文字书写中，其横画又并不是千篇一律地方起，而往往兼有圆笔或点墨，尽管同样比较粗重，但书手并不太着意于方起棱角的分明与否，如“方”“玄”“其”“气”等字中的横画，就基本上是圆起尖收了。至于其折笔则方圆并重，或一笔弯下，显其圆转流畅，如“气”“抱”等字中的折笔，或分笔相连，呈其刚劲遒健，如“周”“精”“门”等字中的折笔。有趣的是，有时在一个字中，这两种折笔还交替出现，富有变化，如“鼻”字，上部的折笔分笔连写，形成锐角，中间“田”的折笔则一笔弯下，与上面的锐角形成对比，相映成趣。

其次，在文字的构形组合中，其中宫紧凑，横向舒展，左右避让，上下呼应，特别是波挑拔拂之处，多神采飞扬，极尽波磔俯仰之能事，有一种变化绮丽的特殊意蕴。

再者，从一简之内字与字之间的上下组合和简与简之间的左右组合来看，其文字的黑白布局随意自如，舒朗有致，毫无匠气。因此，这种书体无论从笔画、构形和文字组合等各方面来看，都是马王堆医简乃至西汉早期简牍书品中的上乘之作，我们称其为马王堆医简中的书法上品，当并不为过。

四、最早的草书之一：走马楼西汉草书简

东汉时期的许慎在《说文解字叙》中说：“汉兴有草书。”但现在所知的出土简牍材料并没有多少可以支撑这种认知的材料。裘锡圭先生曾在《从马王堆一号汉墓“遣策”谈关于古隶的一些问题》一文中指出：“草书正式形成为一种字体，大概在西汉中期偏后”，“至迟不会晚于元、成之际，很可能在宣、元时代就已形成了”。这也就是说，草书的形成最早也就是西汉中期，那许慎所说的“汉兴有草书”的“草书”可能还不是一种正式的字体名，很可能只是隶书的一种草写书体而已，这种草写的书体或称之为“草体”。

唐代的张怀瓘在《书断》中曾对草书的特征加以高度概括曰：“此乃存字之梗概，损隶之规矩，纵横奔逸，赴俗急就，因草创之意，谓之草书。”所谓“存字之梗概”，就是高度简化、省写。“损隶之规矩”就是解散隶体，其目的就是“赴俗急就”，也就是用急就的笔法、迅捷的书写去适应日常的需要。

现在所知最著名的草书简牍是1993年在江苏连云港东海县尹湾村发现的尹湾汉简《神乌傅（赋）》，这是由19枚简所抄成的一篇汉代俗赋，其中除了标题三字是隶书外，全都是以章草为

主体结构的草书字体，其书写的笔画回旋连带，飘逸而生动，是现在所知今草出现以前最有代表性的章草作品。其时代在西汉晚期成帝元延时期，即前12—前9年之间，其时间正好印证了草书"很可能在宣、元时代就已形成了"的推论。

从现在所见的出土简牍材料来看，王莽以下，草书简牍明显增多，且精品多见，如"地皇四年简""建武三年简"等等，其用笔之奔放跌宕，结体之自由开阔，都是书法水准很高的比较成熟的草书简代表。东汉光和年间（178—184年），赵壹所写的中国书学史上第一篇书学文献《非草书》，竟将当时习草书者描写为"十日一笔，月数丸墨，领袖如皂，唇齿常黑"，由此可见东汉草书之盛。

草书盛行于东汉，这是不争的事实，这里，我们且以长沙走马楼西汉简中的草书简来佐证一下"草书正式形成为一种字体，大概在西汉中期偏后"的判断。

长沙走马楼西汉简发现于2003年9月，出土于长沙市走马楼东侧一口编号为J8的古井之中，数量多达2100多枚，内容多是汉武帝时代早期，即公元前126—前120年间长沙国第二代长沙王刘庸在位期间，临湘府的官府文书和诉讼案例文档。

走马楼西汉简的书体中既有笔画左右舒展、波磔分明的隶书，也有不少"解散隶体"，"赴俗急就"的草书，如一件用"两行"的形式抄写的草书简，为方便分析，我们且先录如下：

九年二月丙寅朔甲申临湘丞忠谒司空敢告宫司空南山烝阳丞主宫
司空髡钳城旦徒血篓完城旦徒齐故公乘烝阳罗里血

这是一个司法案例的起首部分，"九年"在这里是长沙国的纪年，也就是长沙王刘庸在位的第九年，即前120年。"忠"是"临湘丞"的名字，"血篓"和"齐"是两个"城旦"刑徒的名字，"临湘"是长沙国的署衙所在地，"烝阳"是长沙国所辖的县名，"罗里"是烝阳所辖的里名，"丞""司空""宫司空"是官名，"公乘"是爵位名。这个诉讼案例就是围绕着刑徒"血篓"和"齐"所展开的，这里我们暂不讨论其案例的具体内容，我们仅从其书迹来感受一下其草书的书写状态。

首先，笔画高度省减，仅存文字梗概的文字构形是其书写常态，如"寅"字下部的"田"，就将中间的"十"完全省掉了，而"篓（篗）"字则将上面的竹字头简省为一笔，中间的"由"字形则省掉了上面的两横，写成了一个"之"字的形状。再如"齐"字将上部表示禾麦吐穗齐平的三个垛子简化为一个"六"形的两横，如果不是根据前后文义的比对，这类高度省减的文字构形，往往只能得其仿佛而很难准确释读。

其次，其笔画的连带书写，也是常见的构形状态，如"空"字在简中出现过三次，其下部的"工"都是一笔连写，可见这已是很定型的草写定式，而不是草书初创时期的随意草写。又如"徒"字下部的"止"，也是一笔连写，与草书中常见的"從"字下部的写法完全一样。

此外，简文笔画的右下倾斜，连绵婉转而无棱角的弧线构形，都是草书常见的笔法表现，它多少也说明，至少在汉武帝时代的早期，也就是西汉中期早段，草书已是官府文书中常见的书写形态，草书应该是在西汉中期偏早就已成形了。

五、西晋的楷书式样——湖南郴州苏仙桥西晋简

晋代书法，上承汉魏之辉煌，下启后世之法度，名家辈出，如草书卓绝的卫瓘、索靖等。但在书法研究史上，关于此一时期的书法面貌，由于材料的缺乏，长期得不到全面的认识。祝嘉先生曾不无沉痛地说："以晋代书家之盛，惜有立碑之禁，石刻无多，而简牍妍丽，片纸流传，人争宝之。墨迹既不可得，枣木传刻，失真久矣，且西晋简牍之传于今者，亦不多觏，故以书学言，虽作无晋论可也。"（《书学史》）由于两晋的书迹难寻，祝嘉先生竟然称书学可作"无晋论"，可见书法材料对于书法史研究的重大价值。迄今为止，两晋简牍书迹的出土，数量上已经相当可观，如新疆古尼雅遗址出土的晋简、新疆吐鲁番阿斯塔那晋简、江西南昌东湖晋墓木牍、甘肃武威旱滩坡晋墓木牍、甘肃高台常封晋墓木牍、湖南郴州苏仙桥晋代木简等，凭借这些材料，我们完全可以比祝嘉先生那个时代更清楚地了解和认识西晋时期的书法风貌。这里，我们仅以郴州苏仙桥西晋木简为例来看看西晋的楷书式样。

郴州苏仙桥西晋简2004年2月出土于湖南郴州市苏仙桥遗址编号为10号的古井中，该遗址所在地是两汉至三国魏晋时期的桂阳郡衙署，简牍共有909枚，绝大多数是木简，仅见2枚竹简，简长都在24厘米左右，简宽2.2—4.1厘米，厚0.2—0.3厘米，有两道编绳。简上的纪年有元康、永康、太安等年号，均属于西晋惠帝司马衷时期，即公元300年前后。郴州苏仙桥晋简的数量不少，现在刊布的只是一部分而已，但从刊布的这部分简牍上可知其主要内容是桂阳郡的官府档案，其中涉及桂阳郡和辖区内各县的概况，如县城的规模、吏员的设置和数量、县城的周长、城墙的高度、里程的记录和诏书政令等，这批官府文书的发现，对研究西晋的历史有着重要的史料价值，同时，也为认知和研究西晋的书体风貌提供了鲜活的墨迹资料。

这批西晋木简大都是单行书写，间有两行或三行书写者，如编号为C1-2的"晋宁令周系"木牍就是一枚单行起首后三行书写的木牍，不仅内容颇有研究价值，而且其略带行书意味的楷书也是这批木简中较有代表性的一枚，其文字清晰可辨，如下：

> 晋宁令周系
> 治晋宁，城周匝一里二百卌步，高一丈五尺，在郡东，去
> 郡一百卅里，去江州一千七百卅里，去京城三千七百里。领
> 员吏一百廿五人，卒十二人。

请注意，简文中的"晋宁"并不是现在云南昆明市的晋宁区，而是西晋时期桂阳郡所辖的晋宁县，即现在郴州的资兴市。查史书可知，西晋时期的桂阳郡辖有郴县、耒阳、便县(今永兴)、晋宁(今资兴)、临武、南平(今蓝山)6县，面积2.2万平方公里。下辖的县属人口在七千至一万

户。“城周匝”即城墙的周长。“一里二百卌步”相当于现代的728米。“高一丈五尺”相当于4.54米。“去郡”是距离郡府所在地。“江州”在晋代是一级行政区划，包括现在的江西和浙江的一部分。唐代白居易《琵琶行》中的“江州司马青衫湿”中的江州就与简文中所记的是同一个地方。“京城”即西晋的都城洛阳。“领”是统领，掌管。“员吏”是县级以下属官，秩在百石至斗食之间，是基层官吏的统称。

简文字数虽然不多，但这是简牍材料中最早记载县城大小的珍贵资料。此外，简文中所记的晋宁到桂阳郡到江州到京城的距离，是非常重要的史地研究资料，而有关“员吏”与“卒”的数量也是晋代县级行政官署吏员配置的重要数据。不仅如此，简文的书写布局也颇有书法趣味。

简文起首用比较大的字书写“晋宁令周系”五字，“周系”是晋宁县令的名字，故单行书写，且字号大一倍还不止，当然，这也很可能是官文书中对官长表示尊敬的一种特定的表现方式。由于文字较大，故其书写特征非常明显：在运笔上，横画轻入重收，向右上斜耸，是很娴熟的楷书笔致；“宁”字、“周”字的钩笔，已颇带几分行书的意味，而“令”字的钩画则不是顺笔下行，而是停顿后向左挑出，是很标准的楷书笔法；此外如“令”字、“系”字的撇法，“系”字的点法等，都是很轻松的行楷笔法，可以说是一点隶书的痕迹都没有。

单行书写之后，简牍所记的具体内容分三行书写，与上面的单行文字形成鲜明的疏密呼应，富有大小变化趣味，特别是“周”“步”“高”等字的连写笔意，更具行楷趣味，很值得玩味。而其中“治”字、“员”字和“卒”字的写法，应该是当时文字楷化过程中的俗体字写法，我们在临写和研创的过程中不宜将其作为标准字来使用和书写。

简牍中的“动物世界”

杨先云
湖南省文物考古研究所

一、“百兽之王”的古代境遇

作为“百兽之王”的老虎，在古代人们一直将其视作神兽来崇拜。我国考古发现最早的虎形象是1987年在河南濮阳西水坡发现的用蚌壳摆塑的龙虎图案，由此可知早在仰韶文化时期人们就开始推崇虎，而在后来青铜器上的虎形图案更比比皆是。白虎与青龙、朱雀、玄武并称古代传说四大神兽，《风俗通义》载有：“虎者……能执搏挫锐，噬食鬼魅……亦能避恶。”以虎之威武凶猛来镇魔辟邪，保佑安宁。盛行于春秋战国和秦汉时期的调兵遣将的信物，即虎符，也是采用虎的形象。

在商周时期甲骨文和金文中也常见虎的踪迹，在文字演变过程中，“虎”字也保留其形态的勇猛特点。

古人如此崇拜的虎，古时是否受到保护和优待呢？2002年湖南省龙山县里耶一号井出土的简牍中就有一则简文可作解答：

秦 杜虎符 陕西历史博物馆藏

卅五年十月壬辰朔乙酉少内守履出黔首所得虎肉二斗卖于更戍士五（伍）城父□里阳所取钱卌率之斗廿钱 令史就视平 魋手

这是由9-1928、9-1245、9-56、9-1973、9-1209五枚残简拼合复原成一枚完整简。简文说的是秦始皇三十五年（前212）十月壬辰朔乙酉那天，叫履的少内守（相当于今县财政局代局长）把老百姓获得的二斗虎肉卖给了一个叫阳的更戍（秦代戍卒的一种），身份是士五（地位高于百姓），原籍是城父县（今安徽亳州东南）某里。县少内这次买卖获得了四十钱，算下来是一斗二十钱。一个叫就的令史（掌管文书的小吏）监察，文书由叫魋的人书写而成。从简文可知，这是一份秦代买卖虎肉的记录文书。简文记载的是两千年前的迁陵县（今龙山县里耶镇）老百姓捕杀老虎，这就说明老虎常出没于当时的龙山县。老虎凶猛彪悍，经常出入山野，古时人们常受到虎的袭击侵扰，猎杀虎也是常有之事。早在新石器时期，虎就成为人们狩猎和捕食的对象，老虎伤人伤畜事件时有发生，甚至在明清时虎灾严重。《华阳国志》就记载秦昭襄王因白虎为害四方悬赏奖励捕杀白虎者，“有能杀虎者，邑万家，金帛称之”。想必该简所载捕杀虎的人也是为民除害，也应受到官府的嘉奖。

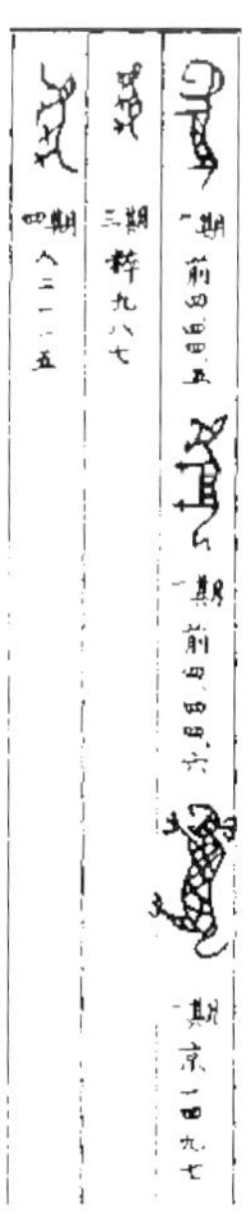

《甲骨文字典》收录“虎”字[1]

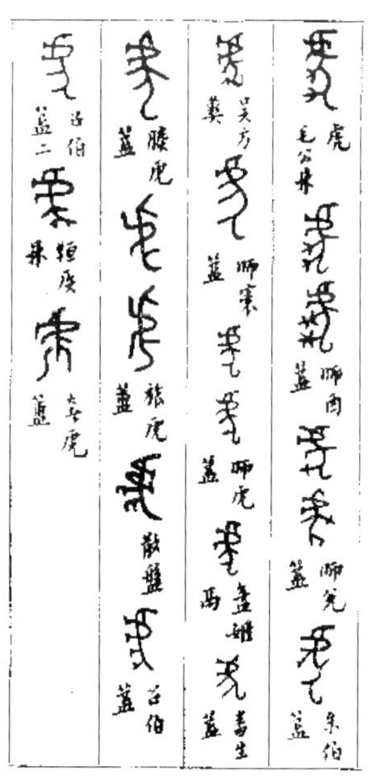

《金文编》收录“虎”字[2]

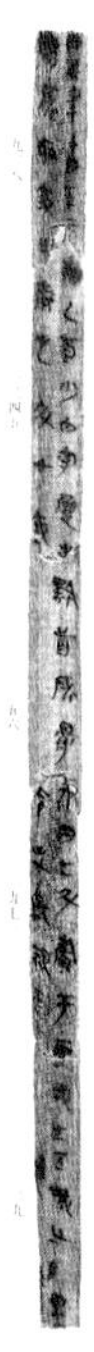

里耶秦简9-1928+9-1245+9-56+9-1973+9-1209[3]

1 徐中舒：《甲骨文字典》，四川辞书出版社，2014年。
2 容庚：《金文编》，南天书业公司，1971年。
3 湖南省文物考古研究所：《里耶秦简（贰）》，文物出版社，2017年。

汉代猎虎画像砖（河南禹县出土）

简文中叫阳的士兵买到虎肉意欲何为呢？在先秦时期就有烹饪虎肉的记载，《穆天子传》载有周王打猎收获了两只虎、九只狼，命厨师烹而食之的故事。医书《千金方》载有：“虎肉，味酸无毒，主恶心欲吐，益气力，止多唾。不可热食，坏人齿。”还有将虎肉切片以竹箸贯穿炙烤冷却后食用的药方（古人即已掌握了虎肉烧烤技能）。或许当时秦代已有食补的说法，吃虎肉来强身健体，又或者说这名士兵没吃过虎肉，想尝尝百兽之王的味道也未可知。

这枚文书还清楚介绍了秦代虎肉的价格，一斗虎肉价格是20钱，这个价格是高是低呢？根据学界普遍认识，秦代粟一石（十斗）为30钱，虎肉是粟价格的近6.67倍。再据秦代出土文献记载，士卒为政府打工每日工资才8钱，而这名叫阳的秦代士兵花5日工资去买虎肉吃。

一则简短的简文就为我们展示了两千年前的秦代买卖虎肉的真实情景，让我们能了解到秦代虎之境遇，进而推知古时人与自然的关系。虎在古时作为神兽受到人们的崇拜，但又因其生性凶残，危害四方，故而常被猎杀。在两千年前的秦代，虎常出入于湖南湘西地区，然而现在野生华南虎再难以找寻其踪迹，这警示我们要保护野生动物，禁止捕杀虎和虎皮交易等。我们切不可再学古时捕杀买卖野生动物，“没有买卖，就没有伤害”。

二、“马坠案”

不可一世的秦始皇不仅建立了大一统的集权国家，更是为我们留下了巨大的遗产，秦始皇陵兵马俑就是其中最璀璨的明珠，被誉为“世界第八大奇迹”，不仅有着千人千面、神态各异的秦俑，还有千姿百态的车马，威风凛凛，气吞山河，秦朝正是依靠数以万计的兵马奋勇拼杀征服了天下。

而远在边陲的迁陵县（今湘西龙山县里耶镇）也十分重视马政，里耶秦简中就有一例“马坠案”：

廿八年三月庚申，启陵乡赵爰书：士五（伍）朐忍苏湪居台告曰：居貣（贷），署酉阳，传送牵迁陵拔乘马一匹，駠，牡，两鼻删取左、右、耳前、后各一所，名曰犯难。行到暴诏溪反（阪）上，去溪可八十步，马不能上，即堕。今死。敢告。/乡赵、令史辰、佐见即居台杂诊：

秦鞍马骑兵俑

秦始皇陵一号铜马车

犯难死在暴诏溪中，西首右卧，牵伤其右口下一所。它如居台告。·即以死马属居台。

□□庚申，启陵乡赵敢言之：上诊一牒。敢言之。/见手。（里耶秦简9-2346正）

三月□辰，迁陵守丞膻之告田主：听□从事。当负，以律令负。/朝手。/即水下七刻，居台行。

三月乙丑日中时，高里士五（伍）敞以来。/见手。（里耶秦简9-2346背）

里耶秦简9-2346正、背

简文说的是：秦始皇二十八年（前219）在迁陵县启陵乡，一个叫居台的士兵报告自己在运送一匹名为犯难的公马，行至暴诏溪阪时马坠落而死，随后启陵乡三名官吏一起查验，并由乡长将整个情况报告给县官，县丞在收到报告后作出批示。简文详细记录了马的信息、马的主人和类别：“迁陵拔乘马”；马的毛色：“駠”，即骝，《说文》“赤马，黑毛尾”；雌雄：“牡”，即公；马的标识：“两鼻删取左、右、耳前、后各一所”，即撕裂马的两鼻，在马的两耳前后各削掉一些肉，用于区别的标识；准确死亡地点和原因：“暴诏溪反（阪）上，去溪可八十步，马不能上，即堕。……西首右卧，牵伤其右口下一所。”乡长不仅亲自查验了马死亡的前因后果，并向上级县官上报诊书，并且县官又给负责相关事务的田官发去批示。在如此偏远的迁陵县，一匹马的死亡需要进行如此复杂精准的记录，由此可见，当时秦代地方政府对于马政的重视。

睡虎地秦简也有相关律文记载：

将牧公马牛，马牛死者，亟谒死所县，县亟诊而入之，其入之其弗亟而令败者，令以其未败直（值）赏（偿）之。……其大厩、中厩、宫厩马牛殹（也），以其筋、革、角及其贾（价）钱效，其人诣其官。其乘服公马牛亡马者而死县，县诊而杂买（卖）其肉，即入其筋、革、角，及□（索）入其贾（价）钱。钱少律者，令其人备之而告官，官告马牛县出之。[1]

和里耶秦简9-2346一致，还要求将死亡牛马的肉卖钱，连筋、革、角都要及时上缴，牧马人还得负责赔偿，并上报官府注销死亡的马。里耶秦简9-651+9-2470公文载："卅一年十月己酉朔癸酉，迁陵将计叚（假）丞枯敢言之：仆马一匹，以卅一年死。·今为槅一牒上，谒除籍。敢言之。"马作为重要的畜产，是被严格记录在籍，甚至《盐铁论》载："秦之法，窃马者死，窃牛者枷。"在秦律中，偷马者要被处死，是何等严厉的惩罚。

秦国是以养马起家的，养马历史悠远绵长，据司马迁《史记·秦本纪》记载，秦人是黄帝之孙颛顼的后裔，过着游牧生活，西周中叶先祖非子居于犬丘，因养马有功，得周孝王奖赏，得为附庸，封邑于秦。擅长养马的非子改变了秦的命运，石鼓文《马荐》歌颂的就是秦祖非子牧马建秦、复续嬴氏祀之事。不断强大的秦国也一直十分重视养马，从中央到地方有着一套完备的养马机构，秦封泥就有"宫厩""中厩""大厩""小厩""左厩""右厩""御厩""泰（太）厩""都厩"等等，"家马""将马""左/右马将厩"等就是主管官吏，而云梦秦简"厩啬夫"，里耶秦简"厩守""厩佐"即地方负责养马的官吏。夏侯婴曾担任"沛厩司御"，一代将才卫青也曾"为侯家骑"，金日磾因养马肥好才引起汉武帝的注意。

秦朝对于马匹有着高要求，秦马"探前趹后，蹄间三寻腾者，不可胜数"（《史记·张仪列传》）。同时对于牧马人也有各种要求，如睡虎地秦简《秦律杂抄》："课駃騠，卒岁六匹以下到一匹，赀一盾。"考核驯教良马的官员，一年内只驯六匹以下，罚一盾牌的钱。《秦律杂抄》："募马五尺八寸以上，不胜任，奔挚不如令，县司马赀二甲，令、丞各一甲。先赋募马，马备，乃粼从军者，到军课之，马殿，令、丞各二甲；司马赀二甲，废。"如若军马没有达到要求，或者是征调入伍的马匹在考核中评为下等，对县令、县丞处罚，县司马革职。不仅仅是对于牧马人，还包括上级官员都会因此受到处罚。牧马人主要是通过不断地观察摸索马，从而渐渐擅长养马、相马，《吕氏春秋·精通》："伯乐学相马，所见无非马者，诚乎马也。"不过伯乐所著《相马经》，后世却失传。湖南长沙马王堆三号汉墓出土失传已久的《相马经》帛书，让我们

长沙马王堆汉墓出土《相马经》

1 睡虎地秦墓竹简整理小组：《睡虎地秦墓竹简》，文物出版社，1990年。

可以窥知古代的相马术。

三、“皇帝犬”与“狗官”

狗是人类忠实的朋友，养狗之风一直很是盛行。《礼记·少仪》疏曰：“犬有三种：一曰守犬，守御宅舍者也；二曰田犬，田猎所用也；三曰食犬，充君子庖厨庶羞用也。”古代养狗或用于守家门，或用于田猎，或充当食物，而现在亦是如此。狗为主人宠爱，地位很高，在古代也有这种情况。距今两千余年的秦朝就有“皇帝犬”之称，发现于湖南龙山县一口古井之中。何为“皇帝犬”？顾名思义就是皇帝的狗。秦始皇统一天下后，采取一系列变革措施，其中重要一项就是将“王”改为“皇帝”的名号变更举措，而里耶秦简8-461号简“更名方”则证实了传世文献的这一记载，而且更为详细地记录了“以王令曰以皇帝诏”“王猎曰皇帝猎”“王犬曰皇帝犬”等规定，狗的称呼都得改，若是不遵守还得受到处罚。想来“王犬”“皇帝犬”地位应是极其高，如战国中山国王厝墓殉坑出土“王犬”，犬颈上皆带有奢侈华丽的金银项圈，项圈上还书有文字，中山王对猎犬的喜爱和其甚高的受宠地位不言而喻。

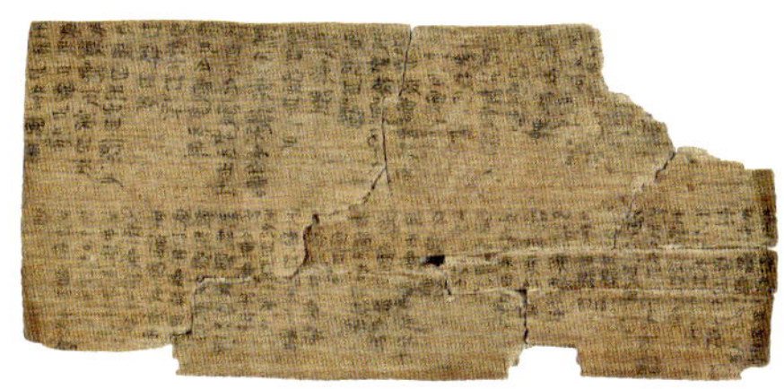

里耶秦简“更名诏书”木牍[1]

文献中有很多关于君王贵族养犬的故事，如《诗经·秦风·驷驖》“輶车鸾镳，载猃猲獢”，记载了秦公子携犬狩猎的场面，“猃”“猲獢”均是猎犬名。《战国策》秦相应侯曰：“王见大王之狗，卧者卧，起者起，行者行，止者止，毋相与斗者。投之一骨，轻起相牙者，何则？有争意也。”用秦昭襄王所养之犬来说明破六国伐秦之计。《汉书·留侯世家》载：“沛公入秦宫，宫室帷帐狗马重宝妇女以千数，意欲留居之。”汉朝建立后，还设有专门掌管皇帝猎犬的机构——狗监。西晋傅玄专门作《走狗赋》，曰：“盖轻迅者莫如鹰，猛捷者莫如虎。惟良犬之禀性，兼二俊之劲武。”咏颂良犬的矫健凶猛。在繁盛的唐朝，尤其是女性贵族很喜爱宠物犬；清朝乾隆皇帝还专门请画师为皇帝犬作画像。正如《西京赋》曰“走犬逐狡兔，此其为乐也”，宫廷养犬娱乐之风经久不衰。

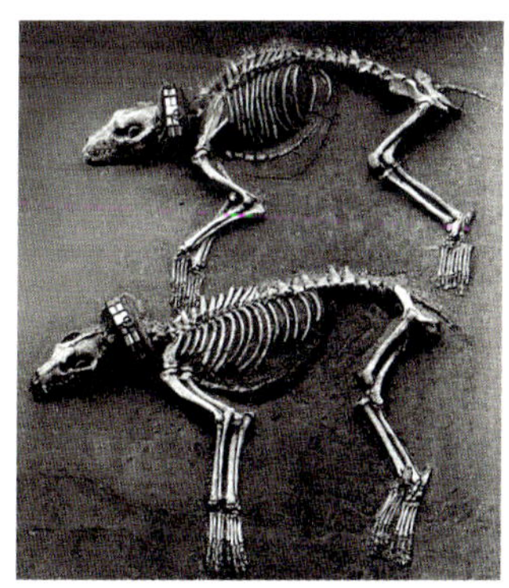

两只“王犬”及其金银狗项圈
战国中山国王厝墓殉坑出土

不仅宫廷养狗以供娱乐、狩猎，地方也盛行养狗。睡虎地秦简《仓律》：“用犬者，畜犬期

1 湖南省文物考古研究所：《里耶秦简（壹）》，文物出版社，2012年。

唐代周昉所绘《簪花仕女图》局部

足。”仓库养犬要控制数量。里耶秦简有“仓课志：畜彘雌狗产子课，畜彘雌狗死亡课”。仓库管理工作要上报养狗生子和死亡情况，犬也是国家重要资产。在民间也有很多养狗的，在汉墓大量出土的陶狗，就是民间养狗成风的实证。居延汉简有“狗一，直贾五百”，汉代边塞买卖狗的事情时常发生。杨万里曾作诗曰：“稻穗堆场谷满车，家家鸡犬更桑麻。”“不知林下人家密，倚杖忽闻鸡犬声。”鸡犬相闻，很是祥和。还有很多人以“犬”“狗”为名，较为著名的就有《史记》载名“犬子”的司马相如，《汉书》载名“胡狗”的梁冀之子。《汉书·艺文志》有《相六畜》，其中就包括“相狗”，而银雀山汉简就有“相狗”“相成狗”内容，是佚失一千多年的相狗经残简。犬除了能“守则有威，出则有获”，甚至在古时被授以辟邪去疾的功效。《史记·秦本纪》：“（秦德公）二年初伏，以狗御蛊。”《史记集解》：“磔狗邑四门也。”秦德公时期，在四个城门口杀狗，用狗血来抵御瘟疫。而墓葬之中大量发现狗的陪葬，不仅仅是因为墓主生前喜爱狗，还有很多是用于殉葬和祭祀。甲骨卜辞中多次提到用狗作为祭品。长沙马王堆一号汉墓出土的T形帛画下端所绘地府中有面目狰狞的怪狗，这是用来镇压地府中的妖魔，使之不侵扰亡灵。

如此众多的狗，必然需要有专门的机构和专门的人来畜养，就如同“将马”“牛官”一类畜官。在殷墟甲骨卜辞中，“犬”有用作官名或方国名或人名的。《周礼·天官》载有“犬人”，睡虎地秦简《法律答问》简189：“何谓‘宫狡士’‘外狡士’？皆主王犬者也。”历史上很早就有了专门负责养狗、训狗的官吏。甚至连“狗官”也在出土文献中发现，扬州广陵王汉墓出土三则木牍，内容相似，皆是侍中“遂”向“王”呈报关于一条名叫“麋”的狗丢失的文书[1]，其中有段简文作“侍中遂写下狗官”，即是侍中因王狗丢失而向“狗官”问责，这里的“狗官”就是专门畜养公犬、王犬的官吏。史载司马相如能得见汉武帝，也是有赖于当时的狗监杨得意举荐。《后汉书·灵帝纪》：灵帝“于西园弄狗，著进贤冠，带绶。”汉灵帝让狗着官帽系绶带，呼“爱卿”，是真真的“狗官”。以畜为官名不仅在国内流行，更是影响到海外。《后汉书·东夷列传》载扶余国“以六畜名官，有马加、牛加、狗加，其邑落皆主属诸加”。

《史记·萧何传》：“夫猎，追杀兽兔者狗也，而发踪指示兽处者人也。今诸君徒能得走兽耳，功狗也。至如萧何，发踪指示，功人也。”《吕氏春秋·士容论》：“齐有善相狗者，其邻假以买取鼠之狗，期年乃得之，曰：‘是良狗也。’其邻畜之数年，而不取鼠，以告相者。相者曰：‘此良狗也，其志在獐、麋、豕、鹿，不在鼠，欲其取鼠也，则桎之。’其邻桎其后足，狗乃取鼠。”《晋书·刘毅传》：“毅将弹河南尹，司隶不许，曰：‘攫兽之犬，鼷鼠蹈其背。’毅曰：‘既能攫兽又能杀鼠，何损于犬。’”皆是在说狗捕鼠的故事。“狗拿耗子”乃是正道，只是随着后世猫的驯化，狗才渐渐失去了捕鼠能手之称。汉武帝喜欢观看斗狗，建有“犬台宫”，“犬台宫”外又建有“走狗观”。《三国志·孙皓传》注引《江表传》：“（何）定又使诸将各上好犬，皆千里远求。一犬至直数千匹；御犬率具缨，直钱一万。”达官贵人乃至皇帝王室为养狗也是耗费巨资，劳民伤财。一方面君主当权者对“功狗”形象大加赞赏，一方面民间对狗的恶评也渐渐开始显露，“走狗”“狗官”“鹰犬”也变了恶语，“狗腿子”“狗奴才”“狗仗人势”“丧家之犬”将狗看作是当权者的爪牙。狗因看家守院而褒，亦因供人

里耶秦简“仓课志”

中国三峡博物馆藏汉陶狗圈

马王堆一号汉墓T形帛画下部

1 闫璘、张朝阳：《扬州新出汉广陵王豢狗木牍释考》，收入出土文献与中国古代文明研究协同创新中心中国人民大学分中心编《出土文献的世界：第六届出土文献青年学者论坛论文集》，中西书局，2018年。

使唤而贬，令人唏嘘不已。

四、“捕鼠计”

如今新冠肺炎肆虐全球，数百年前人类也曾经历过更为惨烈的黑死病，14—17世纪的欧洲一直被鼠疫侵扰，20世纪初，中国东北地区也曾遭受鼠疫。我们国家古代也经历过很多次的疫情，如《后汉书·五行志》载：

安帝元初六年夏四月，会稽大疫。
延光四年冬，京都大疫。
桓帝元嘉元年正月，京都大疫。二月，九江、庐江大疫。
延熹四年正月，大疫。
灵帝建宁四年三月，大疫。
熹平二年正月，大疫。
光和二年春，大疫。
五年二月，大疫。
中平二年正月，大疫。
献帝建安二十二年，大疫。

“大疫”通常是指流行性传染病，其中有很多是“鼠疫”，老鼠成为传播传染病的“害虫”。中华人民共和国成立后，展开轰轰烈烈的“除四害”爱国卫生运动，掀起捕鼠灭鼠的全民运动。而在古代也是“过街老鼠，人人喊打”，官府和百姓都要捕鼠灭鼠，老鼠传播鼠疫等传染病，偷吃粮食，咬坏家具书籍，毁坏房屋建筑，给官民造成很大的经济损失。

里耶秦简中就发现了很多关于秦代捕鼠的地方官文书，如里耶秦简8-1242“鼠券束”就是一枚捕鼠记录统计的文书，此外里耶秦简大量发现相关“捕鼠”的记录，如：

里耶秦简8-1242“鼠券束”
里耶秦简9-1128“仓厨捕鼠”
里耶秦简9-1134“仓徒养捕鼠”

库门者捕鼠十（9-1062）
仓厨捕鼠十 婴（9-1128）
仓徒养捕鼠十（9-1134）
令史南舍捕鼠十（9-1646）
丞主舍捕鼠十 就（9-1962）

廷狱门守府捕鼠廿（9-1972+9-1269）

尉守府捕鼠十 不害（9-2276）

令史中捕鼠十（9-3302）

简文说的是秦代迁陵县地方机构捕鼠的事情，不仅是仓库、厨房、府衙，就连官员居所也需要有专人捕鼠。这些捕鼠记录原是捆束在一起的，“鼠券束”就是这些捕鼠记录的统计。而“鼠券”是这些捕鼠记录的规范称谓。完整的“鼠券”格式当是“某官署或官舍（捕鼠地）”+“捕鼠”+“十/廿/卅”（捕鼠数以十为单位）+“人名”，秦代捕鼠是以“十”成倍记录，《仪礼·聘礼》郑玄注：“凡物十曰束。” 里耶秦简“捕鼠计”的记录说明秦代迁陵地区鼠患严重，地方政府对于捕鼠任务的重视。在现有的出土文献中，还发现了对治理鼠患不利的处罚，如睡虎地秦简《法律答问》载：“仓鼠穴几可（何）而当论及谇。廷行事鼠穴三以上赀一盾，二以下谇。鼷穴三当一鼠穴。”按照成例规定粮仓中有三处鼠穴以上，管理人员就要被罚相当于一盾牌的钱，两处以下当申斥。粮仓必然容易招来老鼠，秦代为了保障粮食安全，对粮仓的鼠害防治有明确法律规定。南越王国宫署古井出土的汉代木简也有有关捕鼠简文：

四川三台郪江崖汉代画像石“狗咬耗子”

大奴虖不得鼠，当笞五十。（简105）[1]

意思是：叫虖的成年奴隶因为没有抓到老鼠，要被竹板击打五十下。捕鼠不利要受到严厉的处罚，简文表明汉代已有治理鼠患的奖惩规定。而出土文献大量“捕鼠”记录的发现，表明当时地方政府很有可能已有捕鼠相关奖罚的条文，十分看重治理鼠患。

老鼠与简牍也有一段考古传奇小插曲。贝格曼在描述博罗松治发现遗迹时，说道：“这些鼠穴很有趣，它们是由草、丝绸碎片、细绳头以及刮削的板条片组成的，显然，通过刮削已用过的板条表面这种简单的权宜办法，将上面的字‘擦掉’，以便再次利用。而老鼠收集这种带字的削片就形成了小资料库……”[2]

老鼠这种收集简牍碎片的习惯却是为我们后世保留了重要的文字资料，如此看来，老鼠也不是一无是处。

里耶秦简中虽未有防治鼠害的方法，但其他文献中多有涉及，如《诗经·豳风·七月》就载有“穹窒熏鼠”的方法，“穹窒熏鼠，塞向墐户”，孔颖达正义：“穹塞其室之孔穴，熏鼠令出其窟。”放马滩秦简《日书》甲种载有堵塞鼠穴的方法，“·凡可塞穴置鼠壄（壓）困日，虽（唯）十二月子、五月六月辛卯，皆可以为鼠□方”（简73）[3]。周家台秦简《病方及其他》：“以壬辰、己巳、卯壄（壓）困垤穴，鼠弗穿。”（简371）[4]这些简文皆是用堵塞鼠穴熏鼠、水灌蚁穴来捕鼠的方法。周家台秦简《病方及其他》：“已鼠方：取大白礜，大如母（拇）指，置晋斧（釜）中，涂而燔之，毋下九日，治之，以。”（简372）则是利用焚烧白礜来灭鼠。白礜作为鼠药，见于《山海经·西山经》：“有白石焉，其名曰礜，可以毒鼠。”郭璞注：“（白礜）今礜石，杀鼠。”《淮南子·原道训》“使蟹捕鼠”，高诱注：“以艾灼蟹匡上，内置穴中，乃热走穷穴，适能禽一鼠也。”用艾草烧灼蟹，放到鼠穴里让它游走，或能抓到一只老鼠。

除了堵塞鼠穴、焚烧白礜等去毒鼠以外，人们还会利用驯养狗、猫动物等来捕鼠。家猫的历史较短，古代“狗拿耗子”绝非“多管闲事”，大量文献和考古资料证明，在中国古代相当长的时间内，养狗捕鼠是一种习见的民俗，曹操就曾言：“譬如人家有盗狗而善捕鼠，盗虽有小损，而完我囊贮。”只是随着猫的驯化，狗才渐渐失去了捕鼠能手之称。

《礼记·郊特牲》：“迎猫，为其食田鼠也。”《韩非子·扬权篇》：“使鸡伺夜，令狸执鼠，皆用其能。”“狸”就是野猫。文献记载猫的驯化还是经历了漫长的时间的，猫被成功驯养后，就开启了广泛养猫捕鼠的风气。猫作为捕鼠最佳利器，却非一帆风顺。在中世纪，教会认为猫是女巫和魔鬼的化身，大肆杀猫，这导致老鼠数量倍增，鼠疫爆发，而人们认为黑死病的爆发是猫带来的厄运，更多地捕杀猫，于是借鼠传播的黑死病就愈演愈烈。当时黑死病的死

1 广州市文物考古研究所、中国社会科学院考古研究所、南越王宫博物馆筹建处：《广州市南越国宫署遗址西汉木简发掘简报》，《考古》2006年第3期。

2［瑞典］斯文·赫定、沃尔克·贝格曼著，李述礼、张鸣译：《横渡戈壁沙漠》，新疆人民出版社，2010年。

3 甘肃省文物考古研究所：《天水放马滩秦简》，中华书局，2009年。

4 陈伟主编：《秦简牍合集（叁）》，武汉大学出版社，2015年。

亡率几乎是百分之百，仅1347—1351年，欧洲就有2500—3000万人死亡，占当时欧洲人口的三分之一。彼特拉克曾因1348年的黑死病感叹："今年的瘟疫践踏并摧毁了整个世界。"

中世纪漫长的鼠疫期引发了公共卫生领域的变革，欧洲人最终走出了折磨他们数百年的鼠疫。如今的"捕鼠计"，不仅仅只是针对鼠类，各种可能携带病毒的生物甚至是物品，都应坚守科学防疫。《资治通鉴》卷八十七曾提到："士民皆熏鼠食之。"至今有些地方还有食鼠的恶习。"这群害虫如此顽强，以至于瘟疫乃至死亡本身也不能消灭他们。"生物感染的风险，依然时时刻刻在威胁全世界人类的生存和发展。黑死病已成往事，但新冠肺炎病毒却还在肆虐。历史总是在重演，人类又总是在重蹈覆辙，很多国家和地区都没有对新冠肺炎疫情足够重视。新冠肺炎是全人类面对的共同挑战，我们希望全球人铭记历史，同舟共济，携手共创健康世界，打赢这场没有硝烟的战疫。

图书在版编目(CIP)数据

从里耶到长沙：解码简牍中的湖湘史记/李历松主编. —长沙：岳麓书社，2021.12

ISBN 978-7-5538-1537-4

Ⅰ.①从… Ⅱ.①李… Ⅲ.①湖南—地方史 Ⅳ.①K296.4

中国版本图书馆CIP数据核字(2021)第174587 号

CONG LIYE DAO CHANGSHA:JIEMA JIANDU ZHONG DE HUXIANG SHIJI

从里耶到长沙：解码简牍中的湖湘史记

长沙博物馆编著　李历松主编

责任编辑：曾　倩　陶嶒玲

责任校对：舒　舍

封面设计：罗志义

岳麓书社出版发行

地　　址：湖南省长沙市爱民路47号

直销电话：0731-88804152　0731-88885616

邮　　编：410006

版　　次：2021年12月第1版

印　　次：2021年12月第1次印刷

开　　本：889mm×1194mm　1/16

印　　张：16.25

字　　数：320千字

ISBN 978-7-5538-1537-4

定　　价：298.00 元

承　　印：雅昌文化(集团)有限公司

如有印装质量问题，请与本社印务部联系

电话：0731-88884129